LOS MALOS DE LA HISTORIA

MALINCHE

ÚRSULA
CAMBA
LUDLOW

LOS MALOS DE LA HISTORIA

MALINCHE

CRÍTICA

Diseño de portada: Planeta Arte & Diseño / Estudio la fe ciega / Domingo Martínez
Fotografía de la solapa: Cortesía de la autora
Diseño de interiores: José Gabriel Guzmán Flores
Formación: Andrea Lehn Angelides

Bajo el sello editorial CRÍTICA M.R.
Avenida Presidente Masarik núm. 111,
Piso 2, Polanco V Sección, Miguel Hidalgo
C.P. 11560, Ciudad de México
www.planetadelibros.com.mx
www.paidos.com.mx

Primera edición en formato epub: agosto de 2025
ISBN: 978-607-569-864-9

Primera edición impresa en México: agosto de 2025
ISBN: 978-607-569-860-1

Impreso en los talleres de Impregráfica Digital, S.A. de C.V.
Av. Coyoacán 100-D, Valle Norte, Benito Juárez
Ciudad De Mexico, C.P. 03103
Impreso en México - *Printed in Mexico*

Para mis padres, Beatriz y José Luis, beligerantes y amorosos

«La mujer es más lista que el hombre que la conquista».

Refrán español

ÍNDICE

INTRODUCCIÓN

EL QUE AVISA NO TRAICIONA

Empezaré por una advertencia. Si el lector busca entre estas páginas una biografía del tipo: «La Malinche nació en el año tal, cursó sus estudios en la escuela primaria Herederos de Chimalpopoca, se graduó con honores, amó con pasión incondicional y desmedida a Hernán Cortés y fue madre del primer mestizo de América», mejor devuelva este libro al estante. No va a encontrar nada de eso. Malinche (ya explicaremos todos los nombres que se le dieron y sus porqués) es sin duda la mujer más importante de la historia de México. Ni doña Josefa, la Corregidora, ni Leona Vicario, ni la Güera Rodríguez, ni Carmen Serdán (aunque se enojen nuestros más fervientes patriotas, prófugos de la monografía y mártires de la cartulina) tuvieron el impacto que causó la mujer indígena protagonista de este libro. A su vez, ningún personaje femenino de la historia de este país ha pasado por tantas, extremas y contradictorias etapas de interpretación que la consideran, desde la traidora más abyecta de nuestra *suave patria*, hasta la víctima inerme y esclava sexual de los infames españoles. A pesar de que la Malinche ha sido el motivo principal de una infinidad de textos literarios e históricos, seguimos conociendo solo algunos retazos de su vida, siempre a través del eco de otras voces. Conocemos muy poco porque tampoco nos lo enseñaron en la secundaria ni sabemos cómo era el mundo que Malinche ayudó a construir. Nos hablaron solo del universo que, según unos señores trasnochados de hace muchos años, ayudó a «destruir», pero no hay que olvidar que todo final es el principio de algo. Siempre. Y la historia no es la excepción.

Así que por eso propongo un acercamiento un poco distinto de esa biografía más o menos convencional y aburrida tan popular en el México del siglo pasado. Hay un tufillo de solemnidad rancia en los estudios que centran su atención en Malintzin. Una pomposidad chocante. Por un lado, las acusaciones de su perverso y mezquino proceder, que dieron la victoria a Cortés y sus aliados. Por el otro, reivindicaciones ramplonas que la han despojado de voluntad, raciocinio y motivación propias, convirtiéndola en un «objeto», un mero instrumento de la rapiña española. Lo que intentaré es reconstruir el contexto en el cual la actuación de la Malinche fue fundamental para el triunfo de los españoles sobre los mexicas y sus aliados, pero no solo eso. El papel que desempeñaron sus descendientes, las mujeres de su tiempo, tanto españolas como indígenas, la encomienda como el hilo en torno al cual se enredaron y desmadejaron vínculos, rencillas, traiciones, venganzas y ambiciones, y el mundo que se forjó en los años siguientes a la derrota de los mexicas. Un mundo que con peculiaridades y transformaciones dio origen a la Nueva España, período histórico que durará trescientos años, más largo que el del México independiente y fundamental para comprender los entresijos del poder, negociaciones, vínculos, valores y símbolos de aquellas primeras décadas del siglo XVI.

Hablar de la Conquista es indefectiblemente hablar de la Malinche, y viceversa. Nos guste o no, aunque ya deberíamos haber comprendido que la historia no se trata de lo que nos gustaría que hubiera sucedido, ni de cómo podemos juzgar más duramente a los malvados actores del pasado, siempre —es importante decirlo— desde la comodidad de nuestro sillón y teléfono inteligente.

En efecto, es imposible narrar los hechos desde el triunfo español de la batalla de Centla sobre los indígenas sin tomar en cuenta a la Malinche, la compañera inseparable de Cortés, quien entendía ese mundo ajeno a los europeos. No ahondaré aquí sobre los enfrentamientos tan frecuentes como ríspidos e inútiles entre los partidarios de la leyenda rosa y los afines a la leyenda negra. Baste con reafirmar que este libro no es una apología en favor de ningún bando, sino que busca comprender el devenir vital de una mujer tan peculiar como ensombrecida, sin reconvenciones moralinas que dicten lo que unos debieron hacer, pensar y evitar, o lo que los otros dejaron de hacer, lo cual es una tarea fundamental del historiador.

De la vida de Malintzin escuchamos también algunos ecos gracias al lugar que sus hijos, Martín y María, ocuparon en la sociedad virreinal de la segunda mitad del siglo XVI, y de los que muy poco se ha hablado, pero que nos permiten conocer aspectos, detalles y pareceres importantes para la conformación de un mundo que se transformaba, a veces de forma vertiginosa, y de cuyos vaivenes y tropiezos nadie se salvaba. Ni siquiera los más poderosos, tal y como lo veremos.

GRAN MALVADA

De niños la odiábamos. Hay gente que todavía tuerce la boca cuando alguien la nombra. Ahí estábamos, año con año, repitiendo la misma lección. En los libros de texto, con murales de Rivera en la portada como si fueran una *selfie* de la Conquista, nos explicaban con machacona insistencia teñida de amargura que por su culpa los españoles habían logrado destruir a la poderosa civilización de los mexicas. Ella «nos» había entregado a los españoles. Traidora infame igual que los tlaxcaltecas. Por su culpa vivíamos arruinados casi quinientos años después, sufriendo las terribles consecuencias de la muerte de nuestros ancestros, que paseaban felices en canoas por los lagos sin las pestilencias de los sucios europeos. Los invasores solo habían sembrado destrucción, igual que los cuatro jinetes del apocalipsis y las siete plagas de Egipto, empañando el límpido aire de la otrora gloriosa Tenochtitlan, que ahora estaba inundada de camiones, basura y cables de luz enredados en los postes de las esquinas. Todo era culpa de la Conquista y de los españoles, pero sobre todo de la Malinche. Maldita vieja. Porque nadie se refería a ella como Malintzin. Llama la atención que ningún personaje prehispánico despierte tanto odio como ella. Los tlaxcaltecas sí, pero como un conjunto difuso de guerreros traidores sin rostro ni nombre. Del cacique Maxicatzin no recuerdo haber escuchado nada, y estoy segura de que el lector tampoco. Del lado indígena había una sola antagonista con nombre, pero sin apellido.

Continuando con el perfilado de personajes, Moctezuma solo recibía el epíteto de cobarde y pusilánime, aunque de forma implícita, porque de aquella gran civilización y sus *tlatoque*, de los que los gobiernos posrevolucionarios habían heredado veneración, penacho y autoridad, nadie iba a hablar mal. Mientras tanto, para Xicoténcatl, tlaxcalteca, y para Cuauhtémoc, mexica, solo hay alabanzas a su coraje y resistencia ante el invasor. De Cuitláhuac se dice que fue valeroso, pero murió rápido a causa de la primera epidemia que asoló estas tierras (de paso, siempre que pueden le echan la culpa de haber traído el virus a un negro que venía en la expedición de Pánfilo de Narváez).

A su vez, los tlaxcaltecas tienen una posición imposible. Por un lado, son los guerreros indomables que plantaron cara al terrible Imperio mexica, del cual estaban hartos porque no los dejaban usar tilmas de algodón ni tener acceso a la sal, además de las constantes guerras en las que se enfrascaban para hacerse de cautivos y expandir su poder. Pero por el otro, son los «traidores» que, al aliarse con los conquistadores, arrastraron a la destrucción y el exterminio a los «pueblos originarios». No importa cuántas veces se intente revalorar su papel en la conquista como aliados indispensables de Cortés, como los artífices del triunfo español, como los «verdaderos» conquistadores que usaron a los españoles para prevalecer, siempre termina por imponerse la visión de los vencidos, es decir, de sus enemigos, los mexicas derrotados. Ahora incluso corre la broma de que «Tlaxcala no existe». La mancha de la traición sobre los tlaxcaltecas se ha ido desdibujando, pero a la vez que se borra (de broma en broma...), es de notar que aquel reino que dio el triunfo definitivo a Cortés sobre los mexicas, que incluso tuvo su propio escudo de armas otorgado por el rey Carlos V, no aparece en este. En la señorial insignia no figura tortilla (*tlaxcalli* en náhuatl) alguna, ni ocotes, ni pedernales, ni nopales, es decir, ningún símbolo prehispánico, sino unas torres muy castellanas con una bandera, unas calaveras y un águila sable, emblema de la casa de Habsburgo, muy distinta al águila real, oriunda de estas tierras, que supuestamente vieron los mexicas como señal para establecer el centro de su poderío en un sitio tan bello como incómodo.

Volviendo a nuestra protagonista, la imagen negativa sobre Malintzin se ha ido matizando y complejizando, aunque en fecha muy reciente. Desde finales del siglo XX, historiadores de diversas inclinaciones ideológicas repetían hasta desgañitarse que la noble mujer no tuvo más opción, que México como país no existía, que los españoles la obligaron, que estaba perdidamente enamorada de Hernán Cortés, que no traicionó a nadie y un largo etcétera. Tales investigaciones se leían en pequeños círculos, casi siempre entre vecinos de cubículo. La mayoría de los mexicanos, mártires de la monografía, seguía teniendo en la cabeza la idea de que hubiera sido bueno tener una muñeca de vudú con la cara de Malintzin atravesada con los dardos envenenados de una patria herida de muerte. Lo cierto es que aquellos epítetos decimonónicos que la tildaban de «inmunda y odiosa barragana», «figura odiosa y despreciable que todos detestan», «gran malvada», «desnaturalizada», «monstruo fiero», «verdugo», «pérfida», «traidora indiana», «prostituta infame», «intrigante», «seductora», solo en muy recientes fechas han quedado superados. Y solo en algunos círculos un poco más allá de los vecinos de cubículo.

Veamos en dónde se origina el variopinto cúmulo de insultos. Aquí me permito hacer una breve digresión. México es y era, y no solo en la época virreinal, sino también en los difíciles siglos XIX y XX, un país profundamente machista. Lo cual es posible corroborar echando un vistazo a la prensa, la televisión, la literatura y, por supuesto, a la política de esos tiempos. Que una mujer fuera la culpable del cataclismo que «nos» destruyó y corrompió como sociedad no solo era comprensible, sino muy conveniente.

Todo parece originarse unos años después de consumada la independencia de México, que pocos saben que nació como un imperio, no como una república. En una novela histórica publicada de forma anónima en Filadelfia en 1826 titulada *Jicoténcatl*, así con J, se perfila un sentimiento hostil y una actitud denigrante hacia Malintzin, mientras que hacia los indígenas hay una franca simpatía. A pesar de que dicha novela ha sido atribuida a diversos autores españoles, cubanos y mexicanos, no parece que su origen sea ibérico, ya que tiene un tono declaradamente adverso hacia los españoles. Xicoténcatl, por el contrario, es el guerrero valeroso, indómito, que no se doblega ante la perfidia y avaricia de Cortés. El héroe sin mancha que no titubea. Todo indica que dicha percepción sobre el tlaxcalteca no se ha modificado en doscientos años.

Con todo, la obra es señalada por los especialistas como la primera novela histórica de Hispanoamérica. El texto está basado principalmente en la *Historia de la Conquista de México* de Antonio de Solís y en menor medida abreva de sendas obras de fray Bartolomé de las Casas y el jesuita Francisco Xavier Clavigero. En efecto, el siglo XIX es un período convulso y adverso para el México recién nacido y se ensayan, sin éxito, diversos proyectos de nación. Objeto de la codicia de los países imperialistas y hordas de filibusteros, el país que nació como un efímero imperio fue víctima de invasiones por parte de Estados Unidos y Francia, empobrecido y dividido en facciones opuestas e irreconciliables, e incluso perdió la mitad de su territorio a manos del vecino país del norte. El nacionalismo mexicano entonces comienza a «cocinarse» en oposición a dicha invasión y despojo, pero todavía pasarán varias décadas para que pueda hablarse de ese sentimiento en un país tan diverso, grande, complejo y desigual, y cuyo desarrollo hasta la expansión del ferrocarril en la década de 1870 era más bien regional. En ese contexto, los intelectuales y políticos buscaban construir una historia que explicara ese accidentado presente, que le diera sentido y raigambre. Conforme avanza el siglo, la herencia española se convierte en un lastre que es mejor olvidar y enterrar. Se va perfilando una historia que en los gobiernos liberales, sobre todo a partir de Porfirio Díaz, busca establecer la conciliación de esas dos «razas» que configuran al «mestizo». Hay que señalar que tal historia engrandecía el pasado prehispánico y a los héroes de la resistencia indígena, mientras que condenaba al olvido y a la oscuridad a una gran parte de la población de origen rural e indígena, situación que los gobiernos del siglo XX siguieron soslayando.

A mediados del siglo XX y gracias al celebrado ensayo de Octavio Paz *El laberinto de la soledad*, apareció la Malinche como homónima de *la chingada*, de la cual todos los mexicanos somos hijos, a decir del premio nobel mexicano. De aquel ensayo se desprendieron innumerables polémicas, respuestas, refritos, obras de teatro, ensayos e investigaciones que lo tomaban no como un ejercicio literario, sino como una verdad incontestable: la Malinche (porque en aquel entonces nadie le decía Malintzin), madre de todos los mexicanos, era la mujer violada, ultrajada, humillada, que prefiere lo extranjero y a la que sus propios hijos repudian por traidora, arribista y apátrida.

Conforme el feminismo y otros movimientos reivindicativos avanzaron, ganando espacios de crítica, reflexión y revaloración, y cobraron fuerza a principios del siglo XXI, se comenzó a promover una comprensión menos acusadora y chovinista de la actuación de Malintzin; algunos autores incluso le «perdonan» flaquezas, afinidades y deslices, y no parece despertar ninguna pasión digna de mención, cuando menos en los círculos académicos que la consideran una figura quizá demasiado revisitada, de la que queda poco por decir (aunque ahora tiene un musical). Hernán Cortés, por el contrario, no admite matices. O se le encumbra como el Alejandro Magno de Medellín para el mundo o como la rata inmunda, animal rastrero, escoria de la vida. Ambos extremos son igualmente ridículos.

Varias generaciones de mexicanos nos educamos con un discurso que, aunque no lo decía abiertamente en los libros de texto, dejaba siempre un regusto amargo por la traición que la mujer perpetró en contra nuestra. Porque hacían que la viéramos y sintiéramos como una afrenta nacional que agraviaba a cada uno de los mexicanos. No solo era una visión patriarcal y machista donde todos los males de la Nación, así con mayúscula, eran atribuidos a las pésimas decisiones de una mujer que apenas comprendía lo que hacía. En esta interpretación, que se ostentaba como la única, el desagrado de los mexicas estaba más que justificado. En efecto, la visión mexica-tenochca o tenochca-céntrica fue la única que se estudió y enseñó durante décadas en la escuela primaria y secundaria, porque el nacionalismo mexicano de la posrevolución, un proyecto político, cultural y social, muy exitoso, además, se instaló en el imaginario popular como el heredero directo de aquella gloriosa historia y del Imperio mexica.

¿DE DÓNDE SACASTE ESO? LAS FUENTES

Hay una gran abundancia de fuentes que se refieren a la participación de Malinche en los hechos de la Conquista, la mayoría pertenece a la segunda mitad del siglo XVI, cuando tanto Cortés como ella y muchos otros conquistadores ya habían fallecido. Durante décadas solo se analizaban y estudiaban las fuentes en español, pero en los últimos años el acercamiento a otro tipo de textos ha ganado mayor presencia. En primer lugar, gracias a una nueva sensibilidad que reconoce que hay una gran diversidad lingüística, cultural y social en México, es decir, que hay muchos «Méxicos» y, por lo tanto, visiones muy distintas sobre el pasado y su devenir. En ese sentido, se ha puesto un mayor énfasis en el estudio de fuentes en náhuatl, así como de otras tradiciones orales y escritas. Estas muestran que la presencia de los mexicas a la llegada de los españoles era reciente, y que cada señorío o *altépetl* prehispánico tenía su propia historia ideologizada y propagandística. Por lo tanto, existía un sentimiento de identidad y apego locales que nada tienen que ver con una identificación nacional, la cual no existe en el siglo XVI, ya que es una construcción discursiva muy posterior. La reescritura de la historia de los mexicas comenzó en tiempos de Izcóatl y de Moctezuma Ilhuicamina, abuelo del Moctezuma que era emperador en la época en que se dio el contacto con los españoles. Asimismo, *La visión de los vencidos*, que tuvimos que leer en la secundaria mientras llorábamos amargamente la pérdida de aquel mundo intachable a manos de los cochinos españoles, tampoco es un retrato fiel de lo que los mexicas vivieron, sintieron o pensaron. Dicho libro está basado en dos fuentes de origen prehispánico mediadas por el latín y el español: *Los anales de Tlatelolco* y el *Códice Florentino*, que dos renombrados historiadores interpretaron de manera libre.

Se trata de una visión alterada del pasado, que además presenta divergencias en otros relatos también de origen mexica. Una de las críticas más agrias en contra de este libro, que fue un pilar fundamental de nuestra sensación de derrota histórica y de víctimas inermes, es la extrapolación de lo sucedido en el altiplano central a toda la «República mexicana», que —perdón por insistir— no existía. La Conquista no fue una y definitiva, sino varias, sucesivas, superpuestas y con resultados muy variables. Hasta bien entrado el siglo XIX, vastas regiones de México seguían sin poder ser domeñadas ni sujetas al control social y cultural del Estado.

En efecto, el libro se inserta en la tradición que, con inmenso éxito hasta nuestros días, coloca al Imperio mexica como el abuelo agonizante del México posrevolucionario. Sabemos también que los mexicas habían migrado del norte y que las zonas que encontraron en la cuenca de México no estaban deshabitadas como alegaban. Por el contrario, el señorío de Azcapotzalco de origen tepaneca dominaba los señoríos de Tenochtitlan, Tlacopan y Tlatelolco hasta que fue derrotado por los mexicas casi un siglo después de su llegada. Fue entonces cuando estos intentaron borrar cualquier rastro del dominio de los tepanecas.

Los códices siempre colocan a Malintzin en una situación preponderante. Hay que destacar que las interpretaciones indígenas no son uniformes. Por un lado, los mexicas la retratan con cierta desaprobación y resentimiento por su alianza e incondicionalidad hacia Cortés; en cambio, los tlaxcaltecas la retratan como una mujer digna de respeto, animosa y con dones como el de la palabra y el mando.

Cortés la menciona poco, como «la lengua que yo siempre traía», y muy de pasada, como si fuera cualquier cosa. Es importante recordarle al lector que las fuentes indígenas que la recuerdan y hablan de ella están ya permeadas por la cultura occidental y por los valores impuestos por el nuevo orden. No son fuentes puras que nos hablan del mundo prehispánico «tal cual fue», de hecho, ninguna fuente es pura en el sentido de no tener una intención. Asimismo, las crónicas españolas siempre hablan del personaje de Malintzin en función de la ayuda que prestó a los conquistadores, y la mayoría de las veces se refieren a ella con admiración y respeto. Lo que no existe es la voz de ella, a pesar de haber sido la intérprete y la artífice de tantos eventos que cambiaron la historia del mundo para siempre. No la escuchamos, no la leemos. No nos dejó nada escrito. Los historiadores hemos dado por bueno y a veces como único rastro palpable la escritura y la imagen. El mundo del que provenía no conocía la escritura alfabética, mientras que los códices y pinturas tenían la función de preservar la memoria de largas genealogías y de los linajes de los gobernantes. Que sepamos, Malintzin no aprendió a escribir, o si aprendió, no dejó nada de su puño y letra. Sin embargo, su vida, su pasado, su participación en la Conquista, sus hijos y los pleitos que sostuvieron con la Corona y las autoridades por pugnas testamentarias, entre otros asuntos, han suscitado ríos de tinta que han buscado llenar los huecos de su historia con interpretaciones de todo tipo. Desde el feminismo, la traición a la patria, la ira mojigata contra los españoles hasta las disyuntivas a las que se enfrentaba Malintzin y un largo etcétera. Muchas de estas resultan teleológicas en la medida en que explican comportamientos, decisiones y consecuencias en función del conocimiento que tenemos de cómo terminó la historia. Con frecuencia se le atribuyen pensamientos o inclinaciones que resultan anacrónicos, pues se proyectan desde nuestros valores y no tienen sentido en su contexto.

A ciencia cierta, y con las advertencias anteriores, de Malintzin solo se conoce su vida desde que es entregada como esclava a los españoles. Es decir, a partir de ahí «nace» el personaje, a pesar de querer hacerla hablar y darle una identidad anterior a la Conquista. Malintzin existe por y en la Conquista, de la cual es imposible disociarla. Es, a final de cuentas, la mano que mece la cuna. Muchos triunfos se han atribuido a la astucia y perspicacia de Cortés, cualidades que podremos reconocerle, pero que, en definitiva, se encuentran encadenadas a los pensamientos, designios, discursos y decisiones de Malintzin.

Podemos empezar por mencionar una larga lista de códices que retratan a Malintzin como figura central en la Conquista. El *Códice Florentino* formulado por los informantes indígenas de fray Bernardino de Sahagún, el mapa de Tepetlán y el *Códice de Tizatlán*, que después formará parte del más amplio *Lienzo de Tlaxcala*. A pesar de representarla de maneras diversas y de forma elocuente, siempre en un lugar central al lado de Cortés y nunca en actitud pasiva, tales imágenes nos impiden escuchar su voz. En cambio, lo que oímos es la voz de quienes la pintaron desde sus propias convenciones e intereses. Pero en eso Malintzin no es distinta de otras mujeres ni de otros actores sociales que dejaron escasas huellas en los documentos. Por otra parte, encontramos sus huellas en diversas crónicas, desde las *Cartas de relación de Hernán Cortés*, que hablan muy poco de ella, pasando por las de Andrés de Tapia, Bernal Díaz del Castillo (que ahora dicen que no es Bernal, sino Cortés) y en las de muchos otros cronistas que le dan un lugar central a la figura que llaman Marina.

Lo único que podemos conocer de ella anterior a la llegada de los españoles es lo que ella misma relató. No hay fuentes que permitan contrastar su historia ni nadie que nos dé referencias. Creemos a pie juntillas lo que ella contó y cuestionamos lo que Bernal da por cierto, dado que nuevos análisis indican que el relato de la vida de doña Marina es más una reinterpretación de la novela de caballería *Amadís de Gaula*, tan en boga en el siglo XVI, que la biografía de la vida de nuestra protagonista indígena.

Aclarar este punto no es asunto menor, pues es importante reconocer que aunque existen algunos restos materiales, como representaciones iconográficas y el supuesto reconocimiento de su antigua comunidad y parentela cuando pasó por Coatzacoalcos, rica y victoriosa, nos movemos en arenas movedizas, porque antes de ser bautizada como Marina, Malintzin era solo una esclava más entre los mayas.

Ahora bien, en esto ella no es una excepción, sino la regla a la que nos enfrentamos los historiadores cuando se trata de recuperar o reconstruir la vida de los actores del pasado. Acostumbrados como estamos a la historia política, que detallaba desde el traje de los líderes de una nación, si tartamudeaba o le gustaba la sopa de fideos, sus amoríos y flaquezas, sus enemigos e inclinaciones, su forma de caminar y hasta si había tenido dolor de muelas o angina de pecho, nos cuesta trabajo enfrentarnos al silencio de los documentos cuando queremos investigar sobre alguien que no dejó nada escrito o que no sobresalió por algo en particular. La mayoría de los seres humanos no deja huella de su existencia. Estamos acostumbrados a conocer la vida de los grandes hombres que hicieron algo por la patria, y a partir del siglo XIX, también la de algunas mujeres, aunque de manera escasa. Esto no es casual, obedece a un discurso construido desde el Estado que buscaba legitimar su gobierno, sobre todo a partir del triunfo de los liberales a finales del siglo XIX. Y sabemos que las mujeres no figuraban en el gobierno, al menos en el discurso histórico. De forma que al hablar de Malintzin, así como de otras mujeres, lo que intento es armar un rompecabezas. Siempre faltarán piezas, eso es inevitable y los historiadores lo sabemos. A pesar de ello hay que intentar recuperar todas las posibles y sustituir las faltantes por unas que tengan sentido y coherencia.

Así, los gobiernos posrevolucionarios dotarán a los héroes patrios de una inmensa variedad de virtudes, de comportamientos intachables (nada nos dijeron de la matanza de españoles perpetrada por Hidalgo en la Alhóndiga, que suena a *albóndiga*, o que Morelos tenía por ahí un par de hijos siendo sacerdote). Por el contrario, escondían o callaban deliberadamente sus momentos de duda, cobardía o mezquindad, las ambigüedades o contradicciones propias de todos los seres humanos. Llenaban de oprobio a los que consideraban enemigos de la libertad y la soberanía nacional en la construcción de aquel discurso identitario. En efecto, Antonio López de Santa Anna, Porfirio Díaz, Victoriano Huerta y Hernán Cortés ocupan, por supuesto, los primeros lugares de impopularidad en el top 5 de villanos nacionales, seguidos por Malintzin, que es la única mujer presente en ese deshonroso conteo. Podríamos arriesgarnos a decir que, en la lista de los malos de la historia, es la número uno.

UN SILENCIO ATRONADOR: LA ESCLAVITUD EN LA ÉPOCA PREHISPÁNICA

Del mundo mesoamericano conocemos infinidad de detalles, desde los rituales y la religiosidad hasta las rutinas, los roles de hombres y mujeres, la sexualidad, los insultos y la vestimenta, la alimentación y un largo etcétera. Pero hay un tema sobre el que desde hace muchas décadas existe un silencio que llama poderosamente la atención: la esclavitud de los indígenas. Salvo el libro pionero de Carlos Bosch, que tiene casi un siglo, y algunos aportes recientes, la ausencia de bibliografía sobre el tema de la esclavitud es una llamada de atención.

La historia no se trata de hablar solo de aquello que nos agrada o que aprobamos, sino de explicar cómo sucedieron las cosas, y para ello necesitamos las piezas del rompecabezas, por lo que comenzaremos a hablar de los *tlacotin*, que eran los esclavos o trabajadores no libres en el mundo mesoamericano.

Los habitantes de Mesoamérica, al menos los de la región central, que es la que conquistarán los españoles, eran agricultores y basaban su alimentación sobre todo en el consumo de maíz, frijol, chile y calabaza. La sociedad estaba organizada en *calpulli* o *calpultin*, en plural. El *calpulli* era un barrio conformado por varias familias y, al momento del contacto con los españoles, la cuenca de México era dominada por unas cuantas de ellas, que se sostenían gracias al trabajo de macehuales, comerciantes y guerreros y, por supuesto, al tributo. A pesar de ser una sociedad estratificada y jerárquica, ciertas actividades permitían el ascenso social y la penetración en las élites.

Tendemos a pensar que la esclavitud es una invención occidental que hunde sus raíces en la Grecia y Roma antiguas y soslayamos que en el mundo musulmán era una práctica común tomar esclavos en la guerra y pedir rescate por ellos, así como en el norte de África, donde tribus rivales buscaban someterse unas a otras para vender a sus adversarios a comerciantes negreros.

A lo largo de los siglos, y en todo el orbe, han existido diferentes tipos de esclavitud. En efecto, en sociedades antiguas, los seres humanos han sido esclavos o han sido poseedores de esclavos. Desde diversos enfoques y periodos cronológicos se han estudiado los tipos de comercio, manumisión, migración forzosa y rescate de esclavos, así como la esclavización de niños y mujeres, de judíos, cristianos y musulmanes, en latitudes tan diversas como el norte de la India, los imperios bizantino, carolingio y otomano, y la esclavitud blanca en el mundo escandinavo, China, Corea, Rusia, Portugal, en el Caribe británico y en América antes del contacto con los europeos, por mencionar solo algunos. El caso de Mesoamérica no es una excepción, pero parece que hablar de ese tema ensombrece la imagen bucólica de aquellos pueblos perfectos, limpios e intachables antes de la llegada de los europeos, que arruinaron todo.

Así, el franciscano fray Toribio de Benavente, llamado Motolinía por los indígenas debido a la pobreza de su vestimenta, señalaba la dificultad para entender el trabajo no libre en el mundo prehispánico por lo intricado del sistema y sus sutilezas, que lo hacían muy distinto del que se practicaba en Europa.

Los *tlacotl* o *tlacotin*, en plural, eran «empeñados», y los españoles, a falta de otro concepto para explicar aquella compleja realidad, utilizaron el término de *esclavos*, *semiesclavos dependientes* o *empeñados*, los cuales existían al menos en el mundo nahua y en el maya, de los que nos estamos ocupando. Las tres formas en las que hombres y mujeres podían caer en aquel estatuto de empeño eran la ley, la voluntad o la guerra. En el primer caso, se castigaba al culpable de ciertos delitos, como robar, no pagar las deudas o asesinar. Si una persona asesinaba a un hombre, por ejemplo, y la viuda le perdonaba la vida, tenía que servirle en calidad de esclavo. En el segundo caso, las personas podían venderse para pagar deudas o, si sufrían hambre, vender a sus hijos e hijas. En último término, la guerra era una forma de hacerse de cautivos, que aunque la mayoría de las veces eran reservados para los sacrificios a sus dioses, a algunos los enviaban con los artesanos para ayudar en las labores que se les asignaran. Estas podían ser variadas, y en el caso de las mujeres incluían moler maíz, hilar y acarrear agua.

En el caso de los hombres, las tareas iban desde trabajar en el campo sembrando la tierra hasta acarrear vigas y leña, entre otras. Los *tlacotin* se encontraban en el último peldaño de la escala social y realizaban los trabajos más pesados e ínfimos. Verbigracia, la «molendera» era una mujer que se dedicaba al trabajo más vil, que es el de moler el maíz en el metate y que se convirtió en el epíteto que aún se utiliza para designar a una mujer de escasa educación y malas maneras. Es preciso señalar que, cuando se habla de esclavas, se trata de mujeres que fueron vendidas por sus padres o que se vendieron a sí mismas a causa de una extrema necesidad y hambre con la esperanza de recobrar su libertad algún día, aunque la mácula permanecía. Para las mujeres no había peor insulto que ser calificadas como flojas y desidiosas. Lo único que protegía a una mujer de ser vendida de nuevo o de recibir malos tratos era la posición social de su familia hasta antes de su venta y los lazos de parentesco que sostenía con el resto de la comunidad, pero como muchas mujeres o niñas —como es el caso de Malintzin— eran vendidas lejos de sus lugares de origen, perdían su red de apoyo y quedaban a merced de sus amos.

A diferencia del estatuto esclavo en el mundo hispánico, en el que se heredaba la condición desde el vientre materno (si la madre era esclava automáticamente el hijo lo era), en el mundo mesoamericano no parece haber sido una condición heredable, y los *tlacotin* tenían cierto reconocimiento social, ya que tenían algunos derechos sexuales y podían tener familia y poseer bienes. Los empeñados incluso podían tener casa propia y esclavos a su servicio.

Pero, por otro lado, como antes mencioné, los *tlacotin* estaban sujetos a las arbitrariedades de sus amos. Eran considerados una mercancía más, como una manta bordada, un penacho de plumas o un adorno de oro. Aunque no era dueño ni de su trabajo ni de su destino, la situación del *tlacotl* parecía mudable o al menos temporal. En algunas matrículas de tributo se consigna la fecha en la que fueron hechos esclavos y el tiempo que llevaban desempeñando dicho papel, de manera que para algunos investigadores es un indicio de que no era una categoría permanente. Para alcanzar la libertad podían fugarse de los mercados donde los vendían o pagar la deuda, y así sus hijos no heredaban la condición de esclavos. Los que estaban sometidos de forma perpetua a la esclavitud llevaban una collera de madera que los distinguía como sirvientes pertenecientes al nivel más bajo de la jerarquía.

Sobre la historia de cómo Malintzin fue vendida a cambio de mantas de algodón, plumas o cacao hay interpretaciones diversas. Bernal Díaz, que es un entusiasta de nuestra protagonista, relata una historia que, como señalé, puede hundir sus raíces en el *Amadís de Gaula*, lectura muy de moda y predilecta del soldado español del siglo XVI y que tiene un regusto de fábula oriental que parece salida de *Las mil y una noches*. Bernal señala que Malintzin provenía de un linaje noble, pero que al enviudar su madre y casarse por segunda vez, el padrastro, por temor a que la herencia se dividiera y el medio hermano de Malintzin se viera despojado de los bienes, decidió venderla a unos comerciantes o *pochtecas*, y difundió la mentira entre vecinos y conocidos sobre que la niña había muerto. En realidad es probable que haya sido capturada por personas de su círculo más cercano o vendida como castigo por un delito que ella misma o alguno de sus familiares cometió, o quizá la vendió alguien que la odiaba.

El trasiego de mercancías, como se consideraba a los esclavos, entre lugares remotos del mundo mesoamericano tampoco era una rareza. Malintzin viajó más de 250 kilómetros desde su lugar de origen. Oriunda de la región de Coatzacoalcos, tenía entre 8 y 12 años cuando, por ríos, pantanos y esteros, fue llevada a Xicallanco, centro de febril comercio e intercambio en el mundo antiguo. En este lugar de frontera y confluencia entre los mundos nahua y maya se llevaban a cabo las transacciones comerciales, y aunque se hablaban varias lenguas, la predilecta para realizarlas era el náhuatl. Remontando ríos fue llevada hasta Potonchán o Putunchán (*putún* significa comerciante). Sus compradores eran mayas chontales.

Quedan todavía muchas interrogantes, contradicciones y una especie de neblina en torno a la esclavitud prehispánica que esperan a ser despejadas, pero que no voy a dilucidar aquí, pues solo me interesa señalar que la institución ya existía, con sus peculiaridades, antes de la llegada de los españoles.

CHOCA: CANTAR EL BÚHO

A lo largo de los eventos que se suceden en los primeros contactos entre invasores e indígenas, el acto de llorar está presente en circunstancias diversas, por ello creo que es importante hacer una breve pausa para explicar algunos de sus significados.

El llanto en el mundo prehispánico era un acto mucho más común de lo que es ahora, pero las lágrimas no se derramaban solo por tristeza o rabia. El hecho de que los españoles hayan notado y consignado en las crónicas la frecuencia de tal práctica da cuenta de lo extraña que les pareció. Alonso de Molina lo registra en su *Vocabulario* con los referentes del mundo que le es familiar, así, la palabra *llorar*, en náhuatl *choca*, significa «balar la oveja», «bramar el león o el toro», «cantar el búho» u otras aves. Recordemos que en Mesoamérica no había ovejas, leones ni toros, así que de nueva cuenta se intenta traducir el mundo con los conceptos europeos.

Los mexicas lloraban profusamente, no solo después de ser vencidos por los conquistadores, sino en diversas derrotas militares anteriores a la presencia española. Se encuentran rastros de esta práctica polisémica entre los mixtecos, mazatecos, mayas y mexicas. Lloran cuando reciben insultos. Moctezuma llora cuando se entera por su aliado Nezahualpilli de que la supremacía mexica está a punto de terminar. En un ritual dedicado a varias deidades, los *pochteca*, o mercaderes, bebían chocolate, consumían hongos alucinógenos y lloraban y bailaban. Se lloraba de forma ritual para pedir abundantes lluvias, las mujeres embarazadas debían hacerlo ante Tezcatlipoca. Las lágrimas también se derramaban en los casamientos, las mujeres derramaban «lágrimas buenas» por la separación de su casa o familia. En cambio, las mujeres que serían sacrificadas en el mes húmedo de la cosecha debían estar en completo silencio. Tenían prohibido llorar, porque el llanto se consideraba de mal agüero.

El llanto podía surgir en tiempos aciagos y de tristeza. En caso de muerte, se podía llorar hasta por cuatro días, que se repetían una vez al mes por lo menos durante los cuatro años posteriores a la muerte del familiar. Las «lloraderas» o plañideras participaban de este ritual como acompañamiento en el camino natural al mundo de los muertos. La muerte de Nezahualpilli se lloró hasta ochenta días, tiempo que, según las crónicas, duraba el viaje de los muertos en la guerra o los sacrificios. Pero no solo las mujeres lloraban, los códices recuperan el llanto de funcionarios, nobles y gobernantes. También podían llorar por una especie de alegría ritual, como cuando encontraron al águila posada sobre el nopal, la señal de que ahí tendrían que fundar una ciudad. Los niños podían llorar al ser reprendidos, no por el castigo sino por remordimiento. El *tepochcalli*, escuela donde eran enviados los niños para aprender y dominar el arte de la guerra, también era llamado «casa del llanto», quizá en alusión a las dificultades que conllevaba el aprendizaje de la guerra. Otros que lloraban eran los prisioneros que, enjaulados en estructuras de madera, lo hacían mientras esperaban a ser sacrificados, pero el llanto no estaba asociado con la humillación de ser cautivos, sino que, al parecer, tenía un sentido ritual y de dolor.

Del mito de la Llorona sabemos que hay hasta 120 versiones distintas en el mundo prehispánico, unas la relacionan con Cihuacóatl y otras con la Malinche; en los relatos mayas se le llama Xtabay, que con su llanto y gritos clama por sus hijos muertos. No creo que haya ningún personaje de la mitología —si así se le puede llamar— prehispánica que despierte más miedo que la Llorona.

HILAR, TEJER Y NO VENDER CHILE VERDE: LAS MUJERES EN EL MUNDO NAHUA

No podemos saber si Malintzin sufrió durante ese tiempo de cautiverio y de obligación sexual. Las mujeres nahuas de los sectores privilegiados debían ocultar su sufrimiento y estaban entrenadas para guardar las apariencias. Debían ser templadas, no hablar ni muy bajo ni muy fuerte, no caminar de forma tan apresurada como para dar la impresión de estar inquietas, ni tan lento como para denotar pereza. No debían mirar a todos lados cuando iban por la calle, pero tampoco fijar la mirada en el suelo, ni saludar con gesto de enojo, pero tampoco reír a carcajadas. No debían hacerle el feo al marido que les hubieran escogido aunque fuera pobre, no tuviera qué comer o fuera «mal dispuesto», ni emocionarse demasiado si era guapo. No debían dejarlo aunque él quisiera dejarlas. Se les reconvenía por andar recogiendo yerbas, vendiendo leña, chile verde o sal por las calles, ya que eso era considerado de gente baja y vil. Por el contrario, debían desempeñar labores mujeriles, como hilar y bordar, pintar telas, saber mezclar los colores y utilizar el telar. Sus madres les decían que debían saber preparar comida y bebida delicadas para los señores a los que era su obligación atender.

Además tenían que rezar muchas veces en el día y la noche, barrer, limpiar las imágenes de los dioses y ponerles copal. Siempre me ha llamado la atención, porque no me parece una mera casualidad que el quehacer más común en México sea barrer las casas y sus entradas. Por otro lado, se les aconsejaba que no «se arrojaran sobre el estiércol y hediondez de la lujuria», pues era preferible la muerte. La pérdida de la virginidad antes del matrimonio era la causa de que el marido siempre sospechara de ellas y las tratara con desprecio. A su vez, el adulterio se castigaba aplastándoles la cabeza y arrastrándolas en público, y aun si nadie se enteraba, los dioses lo veían y las dejarían tullidas, ciegas o pobres, y todo ello acarreaba innumerables desgracias, como la infamia y la deshonra a su linaje. Para las mujeres de condición baja el castigo no era tan duro, aunque solían ser amonestadas y expuestas a la vergüenza pública.

Entre otras instrucciones, la mujer no debía vestir ropa sucia ni rota, pero tampoco demasiado adornada, porque eso es vanidad y locura. Tenía que bañarse y lavar su ropa, pero no con demasiada frecuencia para evitar que la consideren presumida y dispendiosa. Al saltar un arroyo no debe parecer pesada y torpe, pero tampoco liviana. Si en el camino alguien le hablaba, no debía responder ni darse por aludida. Tampoco debía pintarse la cara, pues esos afeites, así como masticar chicle con la boca abierta y andar con el cabello suelto, son de malas mujeres, rameras o prostitutas, en náhuatl *ahuianime*, a las que se considera borrachas, sucias, sinvergüenzas y habladoras, que andan por los mercados pavoneándose, ofreciendo sus servicios y durmiendo en cualquier lado.

Las mujeres vivían juntas y compartían el patio común, donde hilaban, tejían y cuidaban de los niños pequeños. Compartían pesares y alegrías, pero también intrigaban para obtener una mejor posición para sus hijos dentro del linaje de la casa. Así, la vida de Malintzin transcurría entre las mujeres mayas, jóvenes y ancianas, aunque es probable que a ella le tocara realizar tareas más pesadas, como la extracción de las fibras de algodón y maguey, la preparación de tintes para hervir las madejas y cardarlas para elaborar los hilos. Gracias a la arqueología y al estudio de esqueletos se sabe que los hombres estaban mejor alimentados y vivían más tiempo que las mujeres.

No hay que desdeñar el control ideológico del Estado, que se manifestaba en una estrecha vigilancia de los sectores subordinados, en la obligación de participar en rituales y fiestas religiosas y encargarse de la socialización de los niños, entre otros aspectos. El Estado mexica privilegió los valores bélicos, el papel de los guerreros en la vida social y cultural, y el predominio sobre otras culturas. Esto fijó los roles femeninos, constriñéndolos al espacio doméstico en un afán por controlar los procesos de producción y reproducción. Para señalar que el lugar de la mujer era la casa y su obligación el trabajo doméstico, cada vez que nacía una niña, la partera enterraba el cordón umbilical en el hogar. Las mujeres macehuales eran entregadas a los ejércitos enemigos para calmar la ira de los guerreros. La violación era aceptada tanto en el ámbito religioso como en el humano; Mayahuel, diosa del pulque; Chimalma, que murió en el parto, y Xochiquetzal, diosa de las tejedoras, fueron violadas. En su calidad de derrotados, los prisioneros de guerra eran equiparados a las mujeres por cobardes y faltos de valentía o fuerza, rasgos de carácter propios de las mujeres, y también los violaban.

En tanto la mexica era una sociedad patrilineal y patrilocal, es decir, que la filiación se determinaba por la línea paterna y la mujer debía mudarse adonde vivía su esposo, la virginidad era un valor que se atesoraba con mucha fiereza, pues eso aseguraba la descendencia. La mujer infiel tendría bastardos o abortos, estos últimos considerados delitos y que se castigaban con la muerte. A algunas mujeres nobles les impusieron la pena de muerte tan solo por hablar con un hombre. Entre las creencias asociadas a la esfera religiosa y los comportamientos sexuales estaba la de que las mujeres que no ayunaran durante las fiestas religiosas contraerían enfermedades venéreas, y si habían sido infieles, los roedores harían hoyos en las cestas, lo que pondría en evidencia su falta.

Las relaciones sexuales entre mujeres estaban prohibidas, pues se consideraban perjudiciales y eran castigadas con la muerte por la horca o lapidación. Por otro lado, las relaciones sexuales durante el embarazo afectaban al feto, por lo cual debían suspenderse en el tercer mes. La esterilidad era una afrenta social y un castigo divino, ya que la maternidad no solo era muy celebrada, sino obligatoria, pues ello traería el nacimiento de guerreros valerosos que defendieran y expandieran el poderío mexica. Algunas funciones biológicas eran consideradas contaminantes, como la menstruación, período en el cual las mujeres desprendían emanaciones perjudiciales y corrompían los alimentos, por lo que se recomendaba que no se acercaran a los hombres. En cuanto al embarazo, se creía que era un estado en el que las mujeres podían arruinar los colores de los pintores e interrumpir la cocción de vasijas.

Para aumentar su arrojo y valentía en las batallas, los guerreros jóvenes intentaban conseguir el dedo medio y el cabello de alguna mujer muerta en el parto a manera de amuleto protector, puesto que eran consideradas «mujeres preciosas». Convertidas en fantasmas de cuerpos descarnados, volverían para atemorizar a sus viudos y a los niños.

No está de más aclarar que ni la llamada igualdad de sexos y de géneros, ni la equidad, conceptos acuñados en el siglo XIX y que ahora son esenciales en el debate político y los derechos de las mujeres, eran preocupaciones en la antigüedad. La convivencia entre hombres y mujeres estaba dada en términos de complementariedad, donde la mujer estaba supeditada a los designios de su padre, hermano, tío u otra autoridad masculina de su linaje.

Asimismo, los hombres nobles y los *tlatoque* de las sociedades prehispánicas practicaban la poliginia, es decir, podían tener varias esposas o concubinas, pero dentro de estas dos concepciones cristianas del vínculo de pareja existían diversas categorizaciones que podían verse claramente materializadas en el estatus y destino de los hijos, que nunca eran considerados ilegítimos como en la legislación española, aunque fueran hijos de una esclava. Aquellos que descendían de una esposa de alto rango eran denominados *tlazopilli*, es decir, «hijos preciosos», mientras que los de otras esposas o concubinas eran nombrados *calpanpilli* o «hijos de la casa». La jerarquía dependía del rango de sus madres y del *altépetl* o pueblo de indios al que pertenecían. Los hijos de mujeres con menos poder en la casa podían ser vendidos en caso de necesidad, o incluso ser sacrificados.

Las alianzas matrimoniales eran muy importantes entre los nahuas. El heredero del linaje no necesariamente era el hijo del señor principal, sino el sobrino o primo que lograba casarse con la hija más importante del señor. Es el caso de Tecuipochtzin, la hija de Moctezuma, a quien primero casaron con su tío Cuitláhuac y tras su muerte, con su primo Cuauhtémoc. Después de la muerte de este último, la casaron sucesivamente con tres conquistadores españoles, el último de ellos le sobrevivió.

Tanto la sociedad purépecha como la maya sometían a un fuerte escrutinio y rigidez los comportamientos femeninos, la sexualidad y su papel en la sociedad. Les hacían amargas reconvenciones debido a su mala inclinación natural, lujuria desmedida y poderes para enfermar a otros e incluso producir la muerte. Así, las mujeres eran, al igual que en el mundo mexica, un botín u objeto intercambiable. Se les asociaba con la cobardía, y la desconfianza.

Con frecuencia, para someterlos al escarnio público y humillarlos, los guerreros mexicas vestían de mujer a los cautivos de guerra y los exhibían en los mercados.

¿CÓMO ME DIJO QUE SE LLAMABA?

Desconocemos el nombre que Malintzin tenía antes de ser bautizada como doña Marina. Diversos autores se han devanado los sesos buscando explicaciones plausibles y otros han llegado a conclusiones insensatas. Mientras algunos señalan que se llamaba Mallinalli, «hierba torcida», otros aseguran que esto no es posible porque ese nombre anunciaba un mal augurio. De todas maneras, Malintzin «nace» a la historia cuando se le bautiza y se vuelve la cabeza y la intérprete indispensable de los conquistadores. Otros autores le agregan el «apellido» Tenepal, nombre que se le atribuye a su padre y que significa «persona que tiene facilidad de palabra, que habla mucho y con animación». Apelativo premonitorio o teleológico, según se vea. Quienes la conocieron se refieren a ella como «gran señora», «excelente mujer y buena lengua» y «mandaba absolutamente entre los indios de toda la Nueva España», «fue gran principio para nuestra conquista», «sin ir doña Marina, no podíamos entender la lengua de la Nueva España y México» (se entiende que aquí se refieren a la ciudad).

Los indígenas no podían pronunciar la «r», así que la llamaban «Malina», y al agregarle la terminación *tzin*, que tiene un sentido reverencial, de respeto, surgió Malintzin, sinónimo de Marina. En cuanto al origen del apelativo Malinche existen varias versiones. Por un lado, algunos investigadores señalan que es una deformación de los españoles que, como no podían decir *tzin,* la llamaban Malinche. Por otro lado, cronistas como Bernal Díaz del Castillo aseguran que era a Hernán Cortés a quien los indios denominaban «capitán Malinche», y que debido a la continua presencia de nuestra protagonista al lado de Cortés, por extensión le decían «Malinche».

Durante siglos se le llamó «doña Marina», el nombre de bautismo que marcó su entrada al universo cristiano. En el siglo XIX los autores lo olvidaron o simplemente se decantaron por el apodo de Malinche, que de unos años para acá es considerado una forma despectiva de llamarla. Durante todo el siglo XX esa fue la manera usual de referirse a ella, sobre todo alejándose del reverencial «doña», ya que se consideraba la causante de todas las desgracias que, como país, nos aquejaban desde hacía tiempo.

A la luz de nuevas sensibilidades sociales, la mayor fuerza del movimiento feminista, la reivindicación de los llamados *pueblos originarios*, que exigían atención a sus demandas sociales e históricas y una mayor visibilidad de sus peculiaridades en fechas recientes, quizá desde hace 15 años, se volvió más frecuente llamarla Malintzin, que no es un nombre indígena, sino la deformación de Marina, un nombre español pronunciado en lengua náhuatl. A lo largo de este libro utilizaré principalmente el nombre de Malintzin, aunque en algunos momentos, sobre todo cuando sus coetáneos se refieran a ella, respetaré el de «doña Marina», que es como ellos la llamaban.

EL GRAN SEÑOR ENOJADO: MOTECUZOMA XOCOYOTZIN

Nuestro conocimiento del mundo en Mesoamérica a la llegada de los españoles es como una fotografía borrosa tomada desde diversos ángulos: quedan muchas incógnitas por despejar y es posible indagar en nuevos hallazgos para completar el panorama. Es importante señalar cuál era la situación política de aquel enorme imperio que se ha dado en llamar *mexica* y que englobaba a la Triple Alianza, así como la relevancia del *tlatoani* que gobernaba.

Los aztecas, autodenominados mexicas, habían migrado de algún lugar del norte llamado Aztlán (de ahí el gentilicio *aztecas*), cuya ubicación geográfica no se ha podido precisar. A su llegada a la cuenca, se encontraron con que otros pueblos habitaban ya la región, dominada principalmente por los tepanecas de Azcapotzalco, y los recién llegados tuvieron que someterse a ellos como todos los demás. Pero los mexicas decidieron editar eso de su historia fundacional y aseguran que la ciudad de Tenochtitlan se fundó dos siglos antes de la llegada de los españoles, y los relatos simbólicos de la fundación retoman las señales que los toltecas encontraron en Cholula: sauces blancos, un sabino blanco, ranas blancas y pescado blanco. Todo blanco, pues es un rasgo importante de grandeza humana para aquellos pueblos. Su dios, Huitzilopochtli, los condujo hasta el sitio donde encontraron un águila posada en un nopal y les ordenó construirle un templo y dividir la ciudad en cuatro barrios que coincidieran con los cuatro puntos cardinales: Moyotlan, Cuepopan, Atzacualco y Teopan. Tres calzadas principales partían de Tenochtitlan (que, como sabemos por las monografías de la primaria y nuestras cartulinas de los lunes, era un islote en medio de cinco lagos): Iztapalapa, Tacuba y Tepeyac, las cuales conectaban la ciudad. La mayoría de la movilidad se hacía por agua, igual que hoy en época de lluvias, a tierra firme.

De acuerdo con diversas fuentes, el señorío de Azcapotzalco tenía el control político y militar de casi toda la región. Tezozómoc, el *tlatoani* azcapotzalca, les permitió a los migrantes aztecas establecerse en el islote con la condición de que pagaran tributo y se comprometieran a servir como mercenarios en caso de que se desatara una guerra. Tal sojuzgamiento de los aztecas, mexicas, tenochcas o como se les quiera llamar duró casi un siglo hasta que se aliaron con los señoríos de Texcoco y Tacuba, y bajo el mando de Izcóatl, lograron derrotar a sus dominadores.

En aquella batalla destacó Moctezuma Ilhuicamina, abuelo del Moctezuma que todos conocemos. Así, los mexicas arrasaron Azcapotzalco y los tepanecas postrados se comprometieron a tributar maíz, frijol, chía, chile y todos los alimentos requeridos por los mexicas. Así es como lograron establecerse como los amos y señores de amplias regiones que no solo incluyen la cuenca, sino que se extienden de costa a costa hasta lo que hoy conocemos como Oaxaca.

Los linajes gobernantes del mundo mesoamericano no necesariamente se sucedían de padre a hijo como en la nobleza europea. Se elegía para el mando a un hombre que sobresaliera por su devoción religiosa y desempeño valeroso en la guerra, por lo que podía ser un hijo, un sobrino o un hermano. Así fue como una de las primeras medidas que impuso Moctezuma como tlatoani fue echar del palacio a la servidumbre que consideraba vil y de poco fiar para después rodearse de nobles que lo asistieran.

Moctezuma, cuyo nombre significa «el airado» o «el que tiene el ceño fruncido», fue el gran señor del Imperio mexica por casi 19 años; se destacó en la guerra, por lo que se le consideró el mejor calificado para desempeñar tan alto cargo. Algunos cronistas cuentan que era tal el respeto e incluso miedo que inspiraba, no solo entre los macehuales, sino entre sus allegados, que muchos ni siquiera conocían su rostro, pues nadie podía mirarlo directamente a la cara, debían bajar la cabeza al piso o hincarse antes de dirigirle la palabra.

Por otro lado, hubo pueblos como Nopala e Icpactepec, que se rebelaron al dominio mexica, lo que ocasionó una incursión encabezada por Moctezuma, en la que obtuvieron un buen botín de cautivos para sacrificarlos en el ritual de coronación del *tlatoani*.

Un día sus magos y agoreros acudieron a darle malas noticias: fenómenos inexplicables, apariciones y el paso de un cometa auguraban la destrucción del mundo como lo conocían. La muerte de sus hijos, el fin de su dominio y esplendor, por lo tanto, eran inminentes e irrevocables. Moctezuma sabía que algo estaba por desatarse, pues los informantes y espías que tenía distribuidos por todo el amplio territorio que dominaba lo habían puesto al tanto de las expediciones de Grijalva y Hernández de Córdoba, que antecedieron a la de Cortés. En efecto, el mundo, no solo el del *tlatoani*, sino el de millones de seres humanos, estaba a punto de cambiar para siempre.

MUCHO MÁS ALLÁ DE LAS «ISLAS INÚTILES»

Empecemos, pues, por el principio. Desde el siglo XV las navegaciones de los portugueses habían descubierto nuevos horizontes, como la costa occidental africana, las islas de Cabo Verde, Benin, el Congo y el cabo de Buena Esperanza, que abría la ruta marítima hacia la India. Los siguientes serían los españoles y el genovés Cristóbal Colón, quien antes de ofrecerles su descabellado proyecto a los Reyes Católicos, fue con Juan II, el rey de Portugal, quien lo echó con cajas destempladas porque sus cartógrafos, que eran grandes sabios, le dijeron, con razón, que sus cálculos eran erróneos y que navegar por la ruta que planeaban era una insensatez. No le alcanzaría la vida para arrepentirse, pues el desgraciado rey se murió, al parecer envenenado, tres años después del hallazgo de Colón, quien murió pensando que había llegado a Asia.

Después de esa travesía por todos conocida, partió del puerto de Palos en sus dos carabelas y una nao. Antes de salir le dieron el rimbombante título de «almirante de la mar océana y virrey» de las tierras que encontrara, lo que le daba un poder absoluto (porque, claro, nadie tenía idea de que se trataría de un enorme continente). Poco antes de tocar tierra, inexplicablemente la Santa María naufragó justo en la Nochebuena frente a las costas de Haití. Como no había lugar en el resto de los barcos para toda la tripulación, el almirante dejó a poco menos de cuarenta hombres en un fuerte construido con los restos de la nao Santa María y volvió a España para dar noticias a Isabel y Fernando de su descubrimiento. Un año después, en su segundo viaje a la isla, se encontró con que a los recién emigrados se los habían comido los caribes, hartos de las incursiones y exigencias de aquellos intrusos. Algunos historiadores han señalado la posibilidad de que esos inmigrantes fueran judíos que habían escapado de la persecución religiosa en España posterior al decreto de expulsión ordenado por los Reyes Católicos, sin saber que su destino sería tanto o más trágico que la conversión o el destierro.

El fuerte Navidad era tan solo un castillejo de madera y tierra. Conforme pasó el tiempo y las migraciones se hicieron más copiosas, se construyeron otras edificaciones, que fueron abandonadas casi de inmediato, pues los suelos arenosos provocaban su hundimiento. En San Juan, Puerto Rico, se contabilizaban apenas treinta casas de madera y teja, y veinte de paja, más unas cuantas pequeñas de cantería, amén del hospital que destruyó una de las muchas y constantes tormentas de aquellas latitudes. El menú habitual de los inmigrantes se componía de carne de tortuga, iguana y hasta de loro, además de pan de yuca. Las Antillas Menores fueron llamadas «islas inútiles» por la ausencia de metales preciosos. Aquellos relatos fantasiosos del almirante Colón que hablaban de ciudades construidas en oro resultaron ser un espejismo. Muchos de los hidalgos que empeñaron sus fortunas y lo acompañaron se regresaron decepcionados y empobrecidos a España. Los hijos de Colón fueron pajes de la reina Isabel durante un tiempo. En una ocasión que entraron en Granada acompañando a la reina, fueron señalados por aquellos hombres que lo habían perdido todo, o que al menos no habían ganado las riquezas soñadas, y les espetaban en tono de burla y desprecio: «Mirad a los hijos del almirante de los mosquitos que solo ha descubierto tierras de vanidad y engaño para sepulcro y miseria de los hidalgos castellanos».

Y aunque Colón volvió tres veces más y exploró las costas de las actuales Nicaragua y Belice, murió pensando que Cuba era parte de China, que en efecto había llegado a Asia según sus propósitos y que había descubierto el paraíso terrenal, las minas del rey Salomón, navegado por el Ganges buscando el paso a la India y que hasta había visto amazonas y sirenas (en realidad eran manatíes). En efecto, se «encuentra» lo que se busca y el almirante no buscaba un continente nuevo que se llamaría América después de su muerte, sino una ruta más corta a Asia.

En el siglo XVI el continente bautizado en honor al cosmógrafo florentino Americo Vespucio se extiende como un vasto territorio que solo cuenta con presencia europea en las Antillas, unas cuantas islas del Caribe. Por el momento, la principal concentración de españoles se encuentra en La Española (hoy parte de Haití y República Dominicana) y Santiago de Cuba. Aquel era un mundo inestable y peligroso, donde las construcciones eran efímeras y estaban hechas de materiales locales (es el caso de Antigua, en Veracruz, en donde todavía se pueden ver corales y piedras marinas en los muros de la que se señala como la casa de Cortés). Cuando este parte para la expedición, la catedral todavía es un modesto edificio de paja que ha sufrido sucesivos incendios con la consecuente pérdida de libros y ornamentos.

Como las construcciones eran simples empalizadas o edificaciones de paja, eran presa fácil del fuego y los huracanes porque en los primeros años de colonización en las Antillas no había maestros alarifes o albañiles para construir casas de cal y canto. Los ladrillos eran transportados desde Castilla, lo cual hacía la navegación lenta y peligrosa porque el peso hundía las naves. Hacia 1511 comenzaron a fabricarse los ladrillos para las edificaciones, pero aun bien avanzado el siglo, los religiosos señalaban la pobreza y fragilidad de algunas iglesias cuya techumbre era de paja.

Nicolás de Ovando fue enviado como gobernador a principios del siglo XVI junto con doscientas familias, veinte frailes y varios esclavos que habían sido llevados de La Española a España y que ahora eran devueltos a las islas, así como sesenta caballos, algunas plantas de morera y caña de azúcar con el fin de establecer una población arraigada y permanente. La flota atravesó una tormenta en la que se perdieron baúles y mercancías diversas. Incluso uno de los barcos, con 120 pasajeros, se perdió para siempre. En las islas, principalmente en la de Santo Domingo, solo habitaban unos trescientos españoles, que se parecían más a Robinson Crusoe que a un emperador de la dinastía Ming, pero que al ser pobladores antiguos tenían un mayor conocimiento de la dinámica local y se aprovechaban del trabajo esclavo de los taínos bajo el esquema de encomienda que, como veremos más adelante, fue pilar fundamental de las relaciones económicas, sociales, culturales y religiosas del siglo XVI en la América española.

Menos de un año después de la llegada de Ovando, 1 500 españoles habían muerto de disentería, calor, hambre y cansancio, quinientos estaban enfermos, y los taínos escapaban del yugo español en cuanto podían. El gobernador estaba más bien disgustado. Pocos años después La Española ya contaba con algunos miles de habitantes, pero los bandos, las rencillas y los favoritismos de la Corona hacían que la gobernabilidad fuera precaria y compleja. Los sermones y diatribas de los religiosos, en especial dominicos como fray Bartolomé de las Casas, colocaban en el centro de la discusión los abusos de los encomenderos, el maltrato a los taínos, la avaricia y la crueldad. Conforme avanzó el siglo, las reflexiones en torno al alma y disposición de los nativos para ser cristianizados y tratados con compasión y justicia se hicieron más frecuentes y profundas.

Mientras tanto, las exploraciones alrededor de Cuba demostraron que no era una extensión de Asia, sino una isla. Aquí entra en escena Diego de Velázquez, el antiguo amigo y pronto acérrimo detractor de Hernán Cortés, el explorador que terminaría siendo gobernador de la isla. Este personaje había peleado en los últimos años de la reconquista en España y partió con Colón en el segundo viaje. Ya en La Española cobró renombre por someter sin compasión las rebeliones de los taínos. Junto al tristemente célebre Pánfilo de Narváez, otro enemigo de Cortés, avanzó por Cuba aplastando sin piedad cualquier rebelión, matanzas incluidas. Esta isla estaba menos densamente poblada que La Española, lo que permitió un avance más rápido y un sometimiento más efectivo. Para 1515 se había fundado media docena de ciudades o villas, entre las que destacaba Santiago, donde gobernaba Velázquez con un escribano, llamado Hernán Cortés, que siguió de cerca todos sus movimientos de expansión, conquista y sometimiento.

Así, buscar nuevos horizontes, intentar empresas que atrajeran gloria, poder y prestigio, y conseguir riquezas y fortuna más allá del Caribe fue solo cuestión de tiempo. La gente se pregunta: ¿qué habría pasado si los españoles no hubieran conquistado América? Otros lo hubieran hecho: portugueses, ingleses u holandeses. La presión demográfica en Europa, la carrera por la primacía en la navegación y la necesidad de buscar nuevos mercados, entre otras razones, hicieron que ese destino de expansión fuera ineludible.

DEJANDO ATRÁS LAS HAMACAS CARIBEÑAS

Todo lo acaecido desde la organización de la expedición de finales de 1518 hasta la malhadada expedición a Honduras concluida en 1526 fue consignado por Cortés en sus *Cartas de relación*, que tuvimos que leer en la primaria a los 9 o 10 años y que nos produjeron un sueño comatoso. El antecedente directo de esa manera de informar a los monarcas españoles era el modelo que había seguido Cristóbal Colón, y en ellas Cortés buscaba justificarse ante el rey Carlos V por desobedecer las órdenes de Diego de Velázquez, pero también adornar sus acciones y emprendimientos. Después de una larga disputa, su acérrimo enemigo Pánfilo de Narváez, al que los mexicanos recordamos vagamente en la monótona voz de una maestra de la primaria, consiguió que se prohibiera la publicación de dichas cartas e incluso que las primeras ediciones se quemaran en las plazas de Toledo, Sevilla y Granada. De Malintzin, el conquistador no dice una sola palabra hasta la última carta, en donde la menciona de paso. Este es un claro ejemplo de la muy cortesiana costumbre de escamotear méritos, recompensas y honores a quienes los merecían.

Cuando Cortés es designado por el gobernador para embarcarse hacia la «isla de Yucatán» (recordemos que no hay GPS ni satélites que indiquen claramente los contornos y horizontes de este «nuevo» continente que no existía en el imaginario europeo), dos expediciones ya habían fracasado, la de Hernández de Córdova y la de Juan de Grijalva, quienes atacados por los mayas tuvieron que salir huyendo; el primero perdió la vida al poco tiempo de regresar a Cuba, mientras que el segundo fue herido por una flecha que le atravesó la boca y le tiró varios dientes; apenas regresaba cuando Cortés ya había partido a la aventura.

La relación con Diego de Velázquez, el gobernador de Cuba, era intensa y volátil. Velázquez le encarga la expedición con la esperanza de que obtenga mejores resultados que sus antecesores, pero al mismo tiempo desconfía del capitán Cortés. Para financiar la expedición, este se endeuda, compra barcos, bastimentos, algunos caballos, objetos para intercambiar con los nativos, y paga por adelantado algunos sueldos de los soldados. En diferentes escalas por la isla compró o le fiaron navíos, caballos, granos y todos los puercos que logró enviar, dejó la isla casi sin ganado porcino.

Velázquez le indica a Cortés que solo debe explorar, mas no conquistar ni poblar aquellas tierras. Le encarga que averigüe si por aquellos lares existen seres de grandes y anchas orejas, con cara de perro, o si habitan ahí las amazonas. El gobernador de Cuba encarga también que se fije si los nativos tienen «mezquitas» y «alfaquíes», es decir, sabios en la ley de Mahoma. Esta inquietud surge de la experiencia de convivir durante siglos con la cultura árabe. La instrucción no es descabellada si tomamos en cuenta que el viajero por excelencia fue Marco Polo, quien durante siglos fue la «guía del viajero» y nos dejó sus impresiones de aquellos seres extraños y monstruosos que poblaban el imaginario medieval y que habitaban tierras ignotas hasta China.

En efecto, el continente no ha sido explorado, pues en aquellos años solo las Antillas estaban habitadas y los españoles no sabían con qué se iban a topar. Por otro lado, pensemos que para 1519 no se sabía prácticamente nada del Imperio mexica, mucho menos que el territorio que Cortés está a punto de invadir está poblado por veinte millones de almas, 90% de las cuales desaparecerá durante el siglo XVI.

NO SIEMPRE HABLANDO SE ENTIENDE LA GENTE

El problema de comunicación entre las diversas lenguas indígenas y el español o castellano no se circunscribe solo al significado de palabras que no existen en el pensamiento de unos y otros, sino a toda la conceptualización que emana de estos. Por ejemplo, si hablamos de «arrepentimiento», sabemos que a tal acción corresponden otros actos y conceptos como pecado, falta, redención, penitencia, maldad, bondad, perdón, por mencionar solo algunos. Asimismo, tendemos a creer que en todos los rincones de Mesoamérica se hablaba el náhuatl, cuando lo cierto es que la multiplicidad de lenguas que derivaban de las principales ramas yutoazteca y otomague habían dado como resultado una infinidad de variedades dialectales. No todos eran hablantes de náhuatl.

Por otra parte, en el caso de los españoles también había, como las hay ahora, diversas variantes dialectales y no pocas rivalidades regionales. Por ejemplo, *náhuatl* quiere decir «cosa que suena bien, así como una campana», según el *Vocabulario* de Alonso de Molina elaborado en la segunda mitad del siglo XVI. Por un lado, algo que suena bien para nosotros significa que es armonioso o agradable. En el sentido en el que lo plantea el *Vocabulario* se refiere más a algo sonoro, fuerte, contundente. Si lo pensamos con detenimiento, es una definición bonita, pero en el mundo prehispánico no existían las campanas. Estas son una importación del mundo occidental. Su sonido metálico y estruendoso es muy particular y no sabemos cómo lo percibían los indígenas, que comenzaron a escucharlas por primera vez a lo largo del siglo XVI en los lugares más recónditos.

De igual forma, la definición nos sirve para mostrar la imposibilidad de explicar un mundo extraño y desconocido de forma «pura», sin contaminaciones. Y muestra también cómo es que solo podemos aprehender el mundo a través de nuestro lenguaje, que tiene sus propios límites. Entonces, lo que parece que intenta decir Molina es que el náhuatl suena fuerte, es sonoro y procede del término *nahuati*, que a su vez designa a «aquel que habla alto». Así los españoles utilizarán la palabra *cacique*, de origen antillano, para designar a los señores principales de los reinos o señoríos que van encontrando a su paso por Mesoamérica.

Otro ejemplo de los préstamos e intercambios lingüísticos y culturales es el *maíz*, también de raigambre antillana y no náhuatl, pero cuya utilización y significado han permanecido en México. A la tortilla o «pan de maíz», que también es una palabra de origen español, en náhuatl se le llama *tlaxcalli*. Lo mismo podríamos decir de palabras como *hamaca*, *tabaco*, *barbacoa*, *huracán*, *loro*, *butaca*, *iguana*, *papaya*, *ceiba* o *guayaba*, todas traídas de las Antillas. En castellano llaman tiza al gis por la palabra náhuatl *tizatl*, que significa «tierra blanca». Siempre se habla en términos de mestizaje biológico o racial, pero lo cierto es que el mestizaje significa mezcla, complejidad, intercambio y negociación.

Sabemos que la palabra ocupaba un lugar central en la cultura náhuatl, se le representa en los códices como volutas de aire que salen de la boca. Los señores deben expresarse con comedimiento y discreción, de las mujeres se espera aún más mesura al momento de hablar. Nada de gritos ni aspavientos.

Malintzin nació en Oluta, en la región de Coatzacoalcos, que ahora pertenece a Veracruz. Hablaba náhuatl, pero luego aprendió el maya chontal, que los hablantes de náhuatl denominaban *popoloca* o *popoluca*, que era la lengua de los bárbaros, ininteligible, mal pronunciada, como farfullar o balbucear, parlotear o hablar cada vez más alto. El término no siempre está asociado a connotaciones negativas, pues también la partera podía susurrar de manera inteligible al momento de recibir al recién nacido o se murmuraban entre dientes conjuros o sortilegios.

En general los nahuas y en particular los mexicas distinguían como forastero o extranjero a todo aquel que no hablara su lengua, usara su vestimenta o se arreglara de distinta forma. Entre los pueblos que habitaban el inmenso territorio mesoamericano se encontraban los otomíes, considerados por los nahuas como vagos y llenos de vicios como la estupidez, la codicia y la pereza, aunque por otro lado admiraban la confección de sus trajes y su valentía y destreza al momento de combatir. Asimismo, para referirse a alguien se preguntaban: «¿Acaso eres un tlahuica? ¿Acaso eres huasteco? Eres un totonaco miserable».

Por otro lado, los españoles reconocían la necesidad de tener un intérprete. En una primera expedición a estas tierras por entonces ignotas, el explorador Hernández de Córdova capturó a dos indígenas mayas a los que bautizaron como Melchorejo y Julianillo. El primero fue regalado a Cortés con la condición de que lo tratara muy bien, pues si le tenían «buen amor» no dejaría que los engañaran. A Melchorejo le piden que no hablara con nadie más que con Cortés, pero al llegar a Tabasco, aquel escapa de los españoles y muere poco tiempo después. Quizá el «buen amor» no era suficiente.

Se ha repetido erróneamente que Cortés se encuentra por casualidad con el náufrago Jerónimo de Aguilar. Tanto él como sus hombres saben que una embarcación con destino a Santo Domingo en La Española naufragó años atrás y llevan la encomienda de rescatar a los sobrevivientes, ya que Melchorejo ha dicho que viven seis cristianos entre aquellos caciques. El primer escrito conocido de Cortés es el recado que envía a los náufragos para que se unan a su expedición. De manera que llega a Cozumel preguntando por aquellos infelices náufragos de los cuales solo sobrevivieron dos: Gonzalo Guerrero, que ya formó una familia con una indígena maya, y Jerónimo de Aguilar, que vive como esclavo de un cacique local. Aguilar le será de mucha utilidad mientras esté en tierras mayas.

Sabemos que Cortés tenía mal oído para registrar los nombres prehispánicos, pues escucha Churutecal por Cholula y Guasucingo por Huejotzingo. Es importante recordarlo, aunque sea por todos conocido que en las traducciones del español al maya de Jerónimo de Aguilar, y del maya al náhuatl de Malintzin, y luego de regreso, debió haberse perdido, editado, sobreentendido, malentendido u obviado un sinfín de referentes y significados.

QUE PASE DOÑA MARINA AL ESCENARIO

Para hablar de los retazos de vida de Malintzin es necesario analizar cómo actuó en los eventos que dieron origen a la Conquista. Gracias a su intermediación y a la información conseguida, Cortés logra sembrar la intriga, indagar sobre rivalidades y enconos e imponer su voluntad. Ahí donde consigue transmitir un mensaje, amedrentar y aplastar a su adversarios, atraer aliados, convencer indecisos y atajar rebeliones, está siempre doña Marina al lado del conquistador, aunque el extremeño le dé escasa importancia a su labor al mencionarla de manera escueta como «la lengua que siempre traía conmigo». Más que solo partícipe, Malintzin es *la* protagonista de tales eventos y da sentido a un mundo que es totalmente ajeno a los españoles.

Su entrada a los registros históricos se da cuando, junto con otras mujeres, fue regalada a los españoles. La vendieron sus familiares o los miembros de su comunidad a unos mayas chontales que se dedicaban al tráfico de esclavos, probablemente a cambio de algunas mantas de algodón, canastos de cacao o cualquier otro producto mediante el sistema de trueque. Las circunstancias en las que se dio dicha venta o rapto son oscuras pues, de nuevo, solo sabemos lo que Malintzin contó al respecto, aunque parece indudable que su origen era noble y por supuesto nahua, lo que explica por qué hablaba una lengua distinta a la de la región en la que los españoles vencieron al cacique Taascob.

Al término de la batalla de Centla en Tabasco, el cacique les regaló a los españoles veinte esclavas para que les prepararan las tortillas y la comida diaria. Las bautizaron de inmediato y las repartieron entre los principales capitanes; Cortés asignó a doña Marina, que tendría entre 15 y 17 años, a Alonso Hernández Portocarrero, uno de sus hombres más cercanos. Pocos días después, ya en San Juan de Ulúa, cuando los enviados de Moctezuma acudieron a inquirir sobre esos extraños invasores, Aguilar no entendía su lengua. Los primeros intercambios y mensajes se llevaron a cabo mediante gestos y señas, de lo cual se colige que la comprensión debe haber sido prácticamente nula. Malintzin les revela a los enviados que aprendió el náhuatl en su infancia. Cortés le ofrece una vida desahogada y de libertad a cambio de sus servicios como intérprete y Malintzin acepta, convirtiéndose en su compañera inseparable y la de sus capitanes más allegados. Sin embargo, compañera no quiere decir enamorada. Ríos de tinta se han escrito aludiendo al «inmenso amor» que Malintzin le profesaba a Cortés. El amor como lo conocemos hoy en día es una creación del siglo XIX. Lo más seguro es que Malintzin viera en aquella promesa de Cortés la oportunidad de escapar a la servidumbre y «recuperar» o mejorar su estatus social. Por supuesto, de las consecuencias de esa alianza nadie tenía la menor sospecha. Gracias a la astucia de Malintzin los españoles podrán librar una serie de obstáculos al cruzar por tierras dominadas por los mexicas, establecer alianzas con los tlaxcaltecas y, en resumen, no morir sacrificados o ser devorados en regiones hostiles.

Volviendo a los enviados de Moctezuma, estos llevaron regalos para los españoles, ya que esperaban su regreso después de la partida de la expedición de Grijalva. Con la ayuda de Malintzin y con complicados circunloquios ofrecen joyas de oro y plumas, y le advierten a Cortés que no habrá encuentro y que es mejor que regresen por donde vinieron. Eso solo pica la curiosidad y la codicia del conquistador, que quiere adentrarse para conocer y explorar aquel rico territorio dominado por los mexicas. Los enviados viajan rápido de ida y vuelta a Veracruz llevando pinturas de los caballos, armas, barcos y soldados. Logran cubrir los 422 kilómetros de distancia entre la capital mexica y Veracruz en un día con su noche. Cortés insiste en que viene en representación de un poderoso rey allende los mares, llamado Carlos V, y que trae la verdadera fe para inculcarla en los nativos y arma una escaramuza para mostrar su poderío, sus armas y la destreza de sus caballos. Los enviados regresan a Moctezuma con el mensaje. Qué entendió Malintzin y qué entendieron los enviados es algo que los historiadores elucubramos de forma teleológica, pero que no sabemos a ciencia cierta.

Mientras tanto, Cortés, mediante diversas argucias legales, establece un cabildo en Veracruz que lo libre de darle cuentas y obedecer al gobernador de Cuba. De hecho, la primera carta de relación que se perdió o no se escribió sustituye a la que escribe el cabildo en plural al rey Carlos V, señalando las razones por las que «solicitaron» a Cortés el muy necesario establecimiento de dicho órgano de gobierno y justicia para emprender acciones siempre en nombre de la monarquía española. Con las manos libres, Cortés se dispone a adentrarse en territorio mexica, pero para eso necesitará establecer una serie de alianzas que le garanticen información, protección, alimento, hombres y lealtad.

Cerca de Veracruz, unos hombres distintos a los enviados por Moctezuma son identificados por Malintzin como totonacas y acuden a pedir ayuda, pues sufren las arbitrariedades e imposiciones del Imperio mexica y señalan que la cabeza de ese señorío es Cempoala. Los españoles se enfrentan por primera vez a una ciudad indígena y Cacique Gordo (llamado así por los españoles debido a su voluminosa figura) los aloja y alimenta. Cortés logra su primera alianza intrigando al mismo tiempo con los cobradores de tributo de Moctezuma, de forma que haya un desencuentro entre ellos y los totonacas. Divide y vencerás.

Por otro lado, la costumbre de regalar mujeres en México no es una novedad en Cempoala, así que Cacique Gordo, al igual que su homónimo de Tabasco, les obsequia a los españoles ocho mujeres muy bien vestidas con collares y aretes de oro. Como regalo especial, el cacique incluye a su propia sobrina, aunque a decir del soldado Bernal Díaz era muy fea. El conquistador las recibe sin hacer ascos, pero con la condición de que no hagan más sacrificios humanos y abandonen la adoración de los ídolos. Cacique Gordo se niega, Cortés insiste. Todo este desencuentro se realiza por intermediación de Jerónimo de Aguilar y Malintzin, que traducen lo dicho por ambas partes. El acuerdo no se alcanza y los españoles destruyen las figuras idolátricas y aprehenden al cacique. Finalmente, Cortés ordena limpiar el templo de las costras de sangre de los sacrificados y encalar todo para poner una cruz de madera. Se celebra la misa y el bautismo de las mujeres regaladas, que el extremeño se apresura a repartir nuevamente entre sus hombres.

A sabiendas de que corre peligro de ser acusado de usurpador y traidor por desobedecer a Diego de Velázquez, Cortés decide enviar a Hernández

Portocarrero y Francisco de Montejo a defender su causa a España. Los procuradores llevan también un impresionante tesoro que consistía en piezas de oro y plata, joyas, plumas y ropas de algodón como obsequio para el monarca. Completaban el presente dos códices y cuatro indígenas totonacas, uno de los cuales murió. De ese tesoro no se conserva nada, ni las ropas, ni las plumas, tampoco el oro y la plata, que fueron fundidos para financiar las guerras de los Habsburgo. En cuanto a los procuradores, Hernández Portocarrero morirá en la cárcel en España mientras que Montejo volverá mucho después del final del sitio de Tenochtitlan a intentar, con poco éxito y con el título de adelantado, la conquista de Yucatán.

Al poco tiempo de partir a España, algunos españoles, leales al gobernador Velázquez que están en contra del avance y la conquista de Cortés, planean amotinarse y escapar con un barco a Cuba. Descubiertos, dos son ahorcados, a otro le cortan los dedos de los pies, lo que no le impide seguir la expedición y cruzar el paso entre los volcanes, y el resto es castigado con doscientos latigazos frente a los demás soldados para escarnio de todos. Dada la comprometida situación en la que se encuentra, Cortés decide que lo mejor es barrenar los barcos y guardar todo lo que pueda ser útil: cuerdas, velas, timones, barriles. De esa forma, queda totalmente descartada la posibilidad de volver sobre sus pasos.

Deja algunos hombres para que, mientras cuidan el puerto y los enseres náuticos, vigilen si llega algún otro barco, y él emprende el camino hacia el reino de Tlaxcala que, como bien sabemos por estudiarlo cada año en la primaria, era acérrimo enemigo de los mexicas.

ENEMIGO DE MI ENEMIGO, MI AMIGO: LOS TLAXCALTECAS

Cruzando escarpadas sierras y ateridos de frío (acostumbrados al calor de Cuba, Cozumel y Veracruz), los españoles y los cientos de tamemes que cargan la artillería y los bastimentos sufren los embates del aire helado; pasan entre el pico de Orizaba y el Cofre de Perote y se dirigen hacia Tlaxcala.

Los tlaxcaltecas envían comida, regalos y unos prisioneros para que sean devorados por los españoles, lo que estos no hacen porque todavía no tienen tanta hambre. En una brillante estrategia que confunde a los invasores, los tlaxcaltecas alternan los obsequios con disculpas y ataques, pero aunque son miles, sus guerreros no logran derrotar a los españoles. A pesar de ello, los españoles heridos y maltrechos pierden varios caballos que después los tlaxcaltecas ofrecerán a sus dioses junto con las cartas de paz que Cortés había enviado para atraerlos a su ejército y a la cristiandad. ¿Qué pensarían al ver esos papeles con unos signos que no entendían?

Malintzin tiene un papel fundamental en la alianza con los tlaxcaltecas, pues no se amilana ante los ataques y sacrificios de caballos y hace de intérprete entre ambos bandos. Es ella quien finalmente sella la alianza que más adelante dará la victoria a los españoles. Sabedora de qué decir, qué callar, qué matizar o qué resaltar, es indispensable en las conversaciones entre Cortés y los caciques Xicoténcatl y Maxicatzin. Por Malintzin se entera de que los tlaxcaltecas son una anomalía, una excepción, un reino irreductible. A diferencia de otros pueblos, los valerosos guerreros no han sucumbido al poderío del gran Moctezuma. Viven, según sus propias palabras, «con mucha pobreza» debido al bloqueo comercial que sufren, no pueden vestir mantas de algodón, sino solo de tela burda, y no tienen acceso a la sal. Pobres, pero dignos.

Igual que en Centla y Cempoala, los caciques regalan a Cortés y sus capitanes cinco mujeres muy bien vestidas «para que sean vuestras mujeres y hagáis generación, porque queremos teneros por hermanos», según les dicen o según entienden; convenientemente, estas mujeres van acompañadas de otras para su servicio. Recordemos cuál es el papel de las mujeres en el mundo prehispánico: atender, hilar, parir y criar. Entre ellas se encuentra Techuelhuetzin, la hija de Xicoténcatl el Viejo, que será bautizada como doña Luisa y entregada a Pedro de Alvarado, a quien acompañará y auxiliará hasta su muerte. Cortés les explica que será mejor que regresen con sus padres hasta que no sean cristianizadas, se les enseñen las cosas de la fe y, más importante aún, todos abandonen la adoración de sus ídolos y los sacrificios humanos. Malintzin es la encargada de explicar las exigencias de Cortés a los tlaxcaltecas y de transmitir que estos, igual que Cacique Gordo, se niegan a renunciar a sus creencias. El conquistador se impacienta y los quiere obligar, pero fray Bartolomé de Olmedo, el mercedario que lo acompaña, recomienda mesura y paciencia en la conversión y evangelización de los nuevos aliados. Con todo, construyen un altar cristiano, aunque para penetrar las conciencias y los corazones y redimir las almas perdidas todavía faltarán años, décadas, y en algunos casos, siglos.

Para encaminarse a la ciudad de Tenochtitlan, sede del poderío mexica, los embajadores de Moctezuma que guían a Cortés señalan Cholula como el camino más seguro, mientras que los tlaxcaltecas advierten sobre el ánimo traidor de los cholultecas, que son tributarios de Moctezuma, y aseguran que sería mejor tomar el camino a Huejotzingo, que se ha aliado (más bien sometido) a los tlaxcaltecas debido al odio que ambos pueblos profesan por los mexicas. Cortés se decide por el camino a Cholula, aunque con desconfianza.

En ese clima de sospechas, malentendidos y traiciones en medio de un mundo prodigioso, tan amenazante como atrayente, los españoles avanzan temerosos pero movidos siempre por el afán de gloria, prestigio y, por supuesto, riqueza. El miedo a ser capturados y devorados, a morir en un mundo extraño que apenas comprenden sin recibir cristiana sepultura los aflige a cada paso.

Los enviados de Moctezuma que los acompañan no ven con buenos ojos la alianza entre sus enemigos y los españoles, lo cual informan a su *tlatoani*. El gobernante envía más obsequios a Cortés con la condición de que detenga su avance hacia la capital mexica, alegando que en su ciudad son muy pobres y la tierra es muy estéril. En respuesta, Cortés manda a dos de sus hombres más cercanos a explorar y aquilatar la ciudad, amén de llevar un presente a Moctezuma. Bernardino Vázquez de Tapia, que años después se convertirá en su enemigo, y Pedro de Alvarado son los encargados de acercarse a pie a la gran Tenochtitlan. Vázquez de Tapia aseguraba que, durante todo el camino, los tlaxcaltecas habían intentado matarlos, pero que los guías enviados por el *tlatoani* les salvaron la vida. En efecto, los tlaxcaltecas, recelosos de la posible amistad y alianza entre sus odiados rivales y los españoles, tampoco estaban contentos con el acercamiento. Moctezuma envía a algunos de sus allegados para que los detengan en Texcoco, y estos les advierten que no se acerquen más, pues su señor está enfermo y no los podrá recibir, por lo que les conviene regresar por donde vinieron.

Mientras tanto, Cortés envía a Malintzin con algunas piedras de regalo (*chalchihues*) para hablar con los sacerdotes y averiguar cuáles son las intenciones de los cholultecas. Los sacerdotes confiesan que Moctezuma ha dado la orden de cercar a los españoles, atacarlos y matarlos. Tales dichos los confirma la misma Malintzin, quien informa a Cortés que la mujer de un cacique, al verla guapa y bien vestida, la alertó sobre el ataque y le ofreció su casa como cobijo y a su sobrino como marido. Malintzin le hizo creer a la mujer que se lo agradecía y que se iría con ella. Esto derivaría en la primera gran matanza perpetrada por las huestes españolas. Con el pretexto de despedirse, Cortés solicita la presencia de dos mil guerreros cholultecas, a los cuales reúne en los patios de los templos cercando todas las entradas. A los sacerdotes que lo habían alertado sobre las trampas en las calzadas los despide para que conserven la vida; al resto, lo reprehende por la fallida emboscada (siempre en la voz de Malintzin) y les advierte que por eso morirán. Lo que sigue es una encerrona en la que españoles, tlaxcaltecas y cempoaltecas aniquilaron a miles de guerreros cholultecas sin piedad bajo la premisa: «de que lloren en mi casa a que lloren en la tuya, que lloren en la tuya». La noticia de semejante matanza y de la rapiña e incendios perpetrados en connivencia con los tlaxcaltecas se extendió por todos los rincones del Altiplano central, sembrando el terror entre sus habitantes.

Cortés se cansa de los requiebros, advertencias y obsequios de Moctezuma y, molesto por la supuesta celada que les tendieron los cholultecas, le advierte al *tlatoani* que sí o sí avanzará sobre la capital de su poderoso imperio, pero ya no va en son de paz.

En su calidad de vencedores y conquistadores, los orgullosos tlaxcaltecas decidieron hacer un pacto con los españoles y obedecer a un rey lejano llamado Carlos V. Debido a su triunfo sobre aquellos encarnizados enemigos que les habían hecho la vida más que imposible, los tlaxcaltecas continuarían acompañando a los españoles en sus conquistas a lo largo del siglo XVI hasta Texas y la alta California, al norte, hasta El Salvador e incluso Perú en el sur, o Filipinas, en Asia. Pedro de Alvarado se hizo acompañar por Luisa Xicoténcatl, la hija que le regaló el cacique Xicoténcatl el Viejo o el Ciego.

Como buenos enemigos de los mexicas, los tlaxcaltecas encuentran en Malintzin un vehículo para al fin deshacerse del insoportable yugo que los tiene sitiados y sin acceso a productos como la sal, situación que los españoles sufren como un castigo, ya que están acostumbrados a la salazón de carnes y jamones.

TENOCHTITLAN O DE CÓMO CORTÉS ENTENDIÓ «MI CASA ES TU CASA»

En su camino a la capital mexica, Cortés y sus hombres pasan por Huejotzingo (como ya señalamos antes, escuchó con su fino oído que lo llaman Guasucingo y así se refería al lugar). Aquel señorío, poblado por unos ochenta mil habitantes, se encontraba bajo la sujeción de Tlaxcala y mantenía una enemistad con los mexicas. En este contexto, la llegada de Cortés les pareció la oportunidad perfecta para deshacerse del yugo tlaxcalteca y al mismo tiempo cobrarse viejas cuentas. Años después enviarán cartas al rey, señalando que se aliaron a los españoles casi de inmediato por su propia voluntad para auxiliarlos en el sometimiento de los mexicas. Ayudaron a los españoles con guerreros, tamemes y de nuevo les regalaron mujeres (esta vez el mismo Cortés aclaró que eran esclavas) y otros obsequios. Así, mujeres de diversas procedencias sociales y culturales: mayas, totonacas, cholultecas, tlaxcaltecas y huejotzincas fueron engrosando la expedición de Cortés. Ellas se encargaban de atender a los hombres, lavaban, preparaban la comida, curaban a los enfermos e incluso desempeñaban obligaciones sexuales, tareas para las que sus parientes ya las habían preparado.

Los cempoaltecas, por su parte, pidieron a los españoles que los dejaran regresar a sus tierras por temor de hacer enojar al «señor enojado» o de morir en alguna batalla. Cortés les autorizó la partida y siguió su camino. Pasó entre los volcanes, lugar que después llamarán Paso de Cortés, aunque quizá le cambien el nombre a «Paso de los huejotzincas victoriosos» (otra vez los españoles iban muertos de frío porque no llevaban ropa para la nieve). Entró a Chalco, pasó por Amecameca y Mixquic. La travesía no estuvo exenta de peligros, y esquivaron diversas trampas que les pusieron los mexicas que buscaban la muerte de sus hombres y los cuatro mil aliados tlaxcaltecas. Cuando llegaron a Iztapalapa les pareció un lugar de bellísimas casas, tal y como aún se puede apreciar en la actualidad.

La gran ciudad se encuentra en un islote, y aunque no ven a ningún águila devorando una serpiente, se alegran de llegar por fin a la sede del poder mexica. Está rodeada por cinco lagos (Zumpango, Xochimilco, Chalco, Xaltocan y Texcoco) que cubrían una extensión de aproximadamente 1 132 kilómetros cuadrados, de los cuales 410 correspondían al de Texcoco, y tenían una profundidad promedio de uno a tres metros. A pesar de que desde tiempos de Nezahualcóyotl había un dique para que el agua salinosa de Texcoco no se mezclara con la dulce de los otros lagos y permitiera el cultivo de chinampas, a veces llegaba a inundarse. Asimismo, la ciudad estaba conectada a tierra firme por amplias calzadas (Iztapalapa, Tepeyac y Tacuba). Se calcula que en ella vivían unos trescientos mil habitantes, que junto con la población de las riberas sumaban un millón de personas. Los españoles se quedaron asombrados ante el esplendor y magnificencia de aquel lugar del que solo habían escuchado en los relatos de los caciques locales y los enviados de Moctezuma, y que escapaba a su entendimiento porque era más grande y fastuosa que cualquier ciudad europea de su tiempo, salvo Venecia, quizá, que no sería conocida por los expedicionarios.

Multitud de gente salió a su encuentro, probablemente asombrada ante las extrañas ropas, barbas, morriones, espadas, caballos, cañones y ademanes de aquellos forasteros nunca antes vistos por esas tierras. No solo su apariencia era distinta, también lo era el olor del sudor y del estiércol de los caballos. Los sonidos no se parecían a nada que hubieran escuchado: piafar y los cascos, el ruido metálico de las espadas y corazas, el ladrido de los perros, el sonido de una lengua áspera que jamás se había escuchado por estas latitudes. Algunos hombres traían atornillada en la montura una mujer rubia tallada en madera: era la Virgen de los Remedios, que después se conocería cariñosamente como la Gachupina o la Conquistadora.

Por fin llegó el anhelado encuentro con Moctezuma, cerca de lo que hoy es el Hospital de Jesús en la calle 20 de Noviembre. Hubiera sido más original que la bautizaran como calle «del encuentro» o «del recibimiento», hasta «del abrazo interrumpido», pero ya se sabe que siempre ha prevalecido la flama patriótica de los burócratas mexicanos. Cortés intenta abrazar al *tlatoani* pero sus allegados se lo impiden. Ensaya otro gesto y pide que Malintzin le estreche la mano; sin embargo, para un hombre a quien ni siquiera las personas más cercanas a él se atreven a mirar a los ojos, resulta un gesto desafiante y fuera de toda posibilidad. Finalmente, Malintzin hace las presentaciones de rigor y Moctezuma los conduce al palacio de Axayácatl, en donde los aloja. Orgulloso, les muestra el mercado lleno de productos coloridos y diversos: frutas, verduras, semillas, chiles, animales vivos y muertos, mantas, guajes, piezas de alfarería, cestería y esclavos. Los europeos de nuevo quedan azorados ante la riqueza y la variedad de las mercancías, de la ciudad, del orden y la limpieza y la amplitud de las calzadas. No les provoca la misma sensación cuando el *tlatoani*, muy orgulloso, los conduce al templo de Tlatelolco. Hay costras de sangre en las paredes, vísceras desparramadas, corazones humanos chamuscados colgados del techo y un hedor insoportable. Los «papas» o sacerdotes con las orejas atravesadas por espinas, con el cabello largo, sucio, enmarañado y lleno de sangre los miran desafiantes. Cortés llora, escupe y hace gestos de desagrado. No sabemos si Malintzin los tradujo o si sus aspavientos fueron lo suficientemente elocuentes. Lo que nuestra protagonista sí traduce es que los mexicas deben abandonar la adoración de sus ídolos, limpiar el cochinero y renunciar a los sacrificios humanos y al canibalismo, pero Moctezuma, al igual que Cacique Gordo y los tlaxcaltecas, se niega a obedecer y, molesto, rechaza las reconvenciones que para él son una absoluta falta de respeto.

En vista de que no podían poner cruces ni imágenes en los templos de Huitzilopochtli, los españoles, mediante Malintzin y Aguilar, solicitaron que se les permitiera poner un altar y una cruz en el sitio donde se alojaban. Ahí atendían misa, aunque sin vino, pues se les había terminado, y se hincaban para mostrar a los indígenas la forma de venerar a la cruz y a la Virgen. Al ver una pared recién encalada, deciden descubrir lo que se esconde detrás, y encuentran un tesoro compuesto por piezas de oro, piedras semipreciosas y perlas. Esto despierta la avaricia en varios de ellos, y unos meses después desencadenará la muerte de muchos.

A pesar de ser «huéspedes» del *tlatoani*, los españoles recelan. Algunos tienen miedo al ver la multitud de guerreros, la disposición de los puentes y calzadas, y la aparente mansedumbre de Moctezuma y sus hombres. Los capitanes más allegados a Cortés le aconsejan que lo aprehenda para dar un mensaje claro de quién manda. Mientras tanto, llegan noticias de que la guarnición en Veracruz ha sido atacada por unos cobradores de tributo de Moctezuma, y que Juan Escalante, gran amigo de Cortés y el capitán al mando, ha muerto por las heridas infligidas. Los pocos hombres que quedan en el puerto están desconcertados y los pueblos anteriormente sometidos se han agitado. Ni tardo ni perezoso, Cortés decide aprehender a Moctezuma y poner un castigo ejemplar a los atacantes. Pero Moctezuma no se arredra, no se deja apresar y se pasa un buen rato alegando. Los conquistadores se desesperan y levantan la voz, le dicen que lo aprehenden o lo apuñalan, pero que ya basta de palabrería. Moctezuma, temeroso e intrigado al verlos enojados y gritando, le pregunta a Malintzin el significado de aquello. Ella le aconseja no hacer escándalo y que los acompañe para que no lo maten. Moctezuma responde ofreciendo a su hijo y dos hijas como presos para no ser deshonrado, pero Cortés no cede y, finalmente, apresan a Moctezuma y le ponen grilletes, lo que lo horroriza tanto que optan por quitárselos y ponerle centinelas para evitar que se fugara. A los hombres que atacaron a la guarnición de Veracruz los queman rodeados de sus flechas frente al palacio de Moctezuma para escarmiento de los mexicas.

Así pasaron varios meses durante los cuales un muchacho que traía Cortés, al que llamaban Orteguilla porque era muy joven, fue designado paje del *tlatoani*. Pronto aprendió el náhuatl, así que los españoles tenían otro canal de comunicación con Moctezuma. Igual que en Tabasco, Cempoala y el resto de los lugares por los que habían pasado, Moctezuma le ofreció a Cortés a su hija para que se casara con ella. De nuevo, la mujer es moneda de cambio, una oportunidad de medrar, de buscar la paz, de sellar una alianza y de asegurar un vínculo. El conquistador agradece, pero declina diciendo que ya es casado y que entre los españoles la bigamia no está permitida e insiste en que lo mejor sería bautizarla y convertirla. Moctezuma, quien es profundamente religioso, parece aceptar, pero sigue ordenando sacrificios humanos y adorando a Huizilopochtli, lo que horroriza a Cortés y a sus hombres.

Los parientes de Moctezuma, es decir, su hermano Cuitláhuac y su sobrino Cuauhtémoc, junto con otros caciques principales, no veían con buenos ojos a los españoles y, ante la indecisión o temor del *tlatoani*, amenazaron con rebelarse y matar a los invasores. Orteguilla no alcanzó a escuchar lo que aquellos nobles le susurraron a Moctezuma, pero Cortés y sus hombres percibían la inminencia de un ataque.

SE ARMA LA DE DIOS ES CRISTO

Así las cosas, entra en escena Pánfilo de Narváez, el pelirrojo «con voz de bóveda» (o sea atronadora y grave), que había sido enviado por el gobernador de Cuba para acabar con Cortés. Esto según la versión del propio Cortés, porque Juan Cano —también conquistador y años después yerno de Moctezuma—, que llegó con Narváez, aseguraba que la única intención del enviado de Velázquez era ayudar al extremeño de muy buena voluntad.

Moctezuma se entera de lo que sucede con los que él considera potenciales aliados gracias a sus espías, mensajeros, comerciantes y vigilantes de la costa y los caminos, quienes pintan imágenes en papel de amate para transmitir los acontecimientos. El *tlatoani* ve en Narváez la oportunidad de deshacerse de Cortés, así que le ofrece comida y ayuda a espaldas de este. Cuando los hombres que se quedaron en Veracruz le informan a Cortés sobre la expedición punitiva compuesta por 18 navíos, ballesteros, escopeteros y cientos de hombres, decide ir a Cempoala para detenerla sin saber todavía quién la encabeza. Deja a Pedro de Alvarado y a unos cuantos hombres a cargo del prisionero Moctezuma y de vigilar la ciudad. La tragedia se avecina.

Recorren los 422 kilómetros que separan la capital mexica de la costa del golfo y, sin mayor contratiempo, llegan a Cempoala. Llueve copiosamente y está anocheciendo, pero Cortés derrota a Narváez, dejándolo malherido y tuerto. A Cacique Gordo, que lo traicionó al darle alojamiento a Narváez con demasiada facilidad, le perdona la vida. Bernal Díaz cuenta que al cerrarse la noche comienzan a ver luciérnagas y algunos recién llegados, confundidos, creen que las lucecillas se deben a que la escaramuza todavía no ha terminado.

Al final de la refriega, Cortés atrae a los sobrevivientes con sobornos o amenazas, lo cual le permite engrosar su ejército, aumentar la artillería y obtener vino, puercos, aceite y barcos a su disposición. Mientras organiza sendas expediciones a provincias que no se han explorado, cuatro caciques que lloran desconsolados le dan la noticia de que Alvarado perpetró una matazón en Tenochtitlan.

En efecto, lo que pasó fue que, en el clima de zozobra y desconfianza que reinaba en la capital, los mexicas decidieron realizar, con la anuencia de Alvarado, una festividad en torno a Huitzilopochtli y Tezcatlipoca. Recordemos que Malintzin era inseparable de Cortés, así que el único intérprete parece haber sido Orteguilla, que por supuesto no dominaba el náhuatl a la perfección. Así que, entre lo que Alvarado sospechó, lo que Orteguilla entendió y lo que los nobles querían hacer y comunicaron parece haber una gran laguna. Mientras los mexicas bailaban al son de los tambores, Alvarado y los pocos españoles bajo sus órdenes se pusieron cada vez más nerviosos. Sin previo aviso, Alvarado ordenó el cierre de las salidas del templo y la aniquilación sin miramientos de todos los que estaban adentro. Los guerreros, acorralados e inermes, fueron asesinados por los españoles, que atacaron primero a los tamboristas, lo que sembró la confusión y el desconcierto entre los danzantes. Desbarrigados, desmembrados y atravesados por las espadas, se convirtieron en un enorme reguero de sangre. La afrenta provocó la indignación de los mexicas, quienes por orden de Moctezuma, que estaba seguro de que Narváez derrotaría a Cortés y sus hombres, respondieron asesinando a siete soldados españoles y prendiendo fuego a los aposentos en los que se alojaban Alvarado y sus hombres.

Cortés, con Malintzin a su lado, desanduvo el camino de Veracruz para solventar el apuro en el que se encontraban sus compatriotas en la ciudad. Nada hubo ya de fastuosos recibimientos ni de gente apostada en las calzadas para verlos llegar, nada de regalos ni comida. Cortés, que se había vanagloriado con los hombres de Narváez diciendo que toda la gente de la ciudad le obedecía y le rendía pleitesía, recibió muy mal la aspereza de los mexicas. Moctezuma le salió al encuentro en el patio, pero el extremeño no quiso ni dirigirle la palabra. Molesto, fue directamente al encuentro de Alvarado y le recriminó su imprudente y cruel actuación, y este respondió fríamente que, en caso de duda, era mejor adelantarse y prevenir.

MEJOR YA VÁYASE, SEÑOR: LA NOCHE TRISTE Y VICTORIOSA

Otro de los episodios que nos enseñaron en la infancia es el de la Noche Triste, es decir, la gran derrota sufrida por las huestes españolas y sus aliados tlaxcaltecas y su huida de la capital mexica. De niños nos alegrábamos mucho de que hubieran sufrido y lamentábamos que los españoles y los tlaxcaltecas, malditos y traidores, no se hubieran acabado de una buena vez. Hubiéramos podido ir a la escuela en canoa y pasear por el templo de Huitzilopochtli los domingos, pero Cortés nos hundió en la desgracia. Actualmente, fieles al relato tradicional que se identifica siempre con los mexicas, tal episodio se llama Noche Victoriosa. Ambos nombres resultan cursis, pero para los forjadores de la historia patria esos epítetos son fundamentales porque les permiten identificarse con los «buenos». De cualquier manera, el suceso es interesante y da cuenta de las diversas actitudes y circunstancias que a continuación explicaré.

Mientras Cortés terminaba de digerir que era *persona non grata* y que igual y sí era mejor idea retirarse, las calzadas, los puentes y el lago comenzaron a llenarse de embravecidos indios que a pie o en canoas atacaban con flechas y piedras a los españoles al tiempo que los insultaban diciéndoles «mujeres» y otros epítetos que los cronistas no especifican, pero si atendemos a los insultos que se proferían en el mundo prehispánico, lo que quizá les gritaban era: «gran desmelenadote», «gordo huérfano», «gran canasto de tontería», «carota de piedra de moler», «ciegote», «mierdota haraposa» o «gran escandaloso». Tampoco sabemos si Malintzin logró traducir con rapidez los insultos durante el asedio, si los minimizó o los magnificó según su ánimo y criterio, pero lo que sí sabemos es que arengó a los soldados de Cortés dándoles ánimos y asegurándoles la victoria.

Los mexicas le prendieron fuego al palacio de Axayácatl con la intención de que los españoles murieran quemados o asfixiados por el humo. Estos intentaban avanzar, pero el nutrido ejército mexica les impedía el paso; no valían escopetas, ballestas y cañones, pues la lluvia de flechas y piedras ocasionó varias muertes entre los soldados de Cortés. Los mexicas vociferaban que no quedaría ningún español vivo, que sacrificarían con sus corazones y su sangre a sus dioses, que con las piernas y los brazos harían un banquete y que lo que sobrara de los cuerpos lo echarían a los animales que tenían, como «tigres y leones», es decir, jaguares, pumas y víboras; y que a los tlaxcaltecas los meterían en unas jaulas para engordarlos y después sacrificarlos. Que el soldado Bernal Díaz lograra entender toda esta diatriba se explica solo por la intermediación de Malintzin, Aguilar y quizá Orteguilla.

Recordemos que un elemento importante de las batallas indígenas era un ruido ensordecedor, gritaban como estrategia para asustar al enemigo, aturdirlo o distraerlo. Los gritos no cesaban ni de día ni de noche, con la consecuente desesperación de los españoles. Prender fuego a las casas para incendiar la ciudad no tenía sentido, ya que al estar sobre agua y separadas unas de otras, el fuego no corría con la misma celeridad con que lo hacía en Europa, además era imposible cubrir a nado la distancia entre unas y otras. La comida y el agua comenzaban a escasear. Los españoles dormían armados y calzados, y los que tenían, con sus caballos ensillados para estar listos en caso de un ataque sorpresivo. Los tlaxcaltecas los seguían socorriendo y acompañando.

Pero no solo los indígenas maldecían a Cortés, también lo hacían los hombres enviados por Velázquez, que estaban recién desembarcados y solo habían participado en la escaramuza de Cempoala, por lo que no conocían la forma de guerrear de los nativos. Enojados y temerosos lamentaban haber abandonado la paz de la isla de Cuba. No sabían que lo peor estaba por venir.

Cortés exigió a Moctezuma que saliera a aplacar los ánimos para que puieran huir de la ciudad, a lo que el *tlatoani* dignamente se negó hasta que Cristóbal de Olid y el mercedario fray Bartolomé de Olmedo lo convencieron de asomarse al pretil para aquietar las aguas. En cuanto salió, le comunicaron casi de inmediato que sería sustituido por Cuitláhuac. Hay distintas versiones de lo que pasó en ese momento: algunos culpan a los españoles de su muerte, mientras que otros creen que fue confundido por la multitud debido a que se guarecía tras un escudo español, y que le lanzaron una lluvia de piedras. Además, hay quienes dicen que su propia gente, decepcionada y furibunda, lo insultó llamándolo «mujer de los españoles». Lo cierto es que Moctezuma murió por las heridas en la cabeza y en la pierna que le causaron las pedradas que recibió.

Los españoles, desesperados, empiezan a planear la huida hacia tierra firme. Cortés aparta el quinto real, que era la parte proporcional de cualquier botín adquirido que debía guardarse para la Corona y, según las malas lenguas, lo cargan (por orden suya) en unas mulas cojas y maltrechas. Él se queda con una parte y les da el resto a los soldados diciéndoles que tomen lo que quieran, ya que es imposible llevarlo todo a lomo de mula. La avaricia hace que los hombres se abalancen sobre las piezas de oro más grandes y pesadas, lo cual será su perdición al momento de escapar bajo la lluvia.

Cortés acuerda con sus capitanes salir de la ciudad durante la noche, aprovechando un posible descuido de los mexicas, y escapar por la calzada que conduce al pueblo de Tacuba. Con unas vigas de madera construyen un puente para que la comitiva —compuesta por hombres, caballos, mulas y mujeres, además de armas y tesoros— pudiera pasar desapercibida. Sin embargo, con más de dos mil personas, era poco probable que lo lograran sin ser escuchados.

La noche está neblinosa y llueve. Una primera parte de la columna, en la que va Cortés y la mayoría de los hombres a caballo, logra pasar el puente que ya comienza a hundirse. En ese momento los mexicas se percatan de la huida y los atacan en canoas, y, desde las azoteas, desbarrigan a los caballos. Los hombres que se embolsaron los objetos de oro más pesados caen del puente y se hunden en el fondo del lago.

La lluvia arrecia y en el camino se van quedando escopetas, cañones, baúles, caballos, mujeres y soldados. Los que pueden, brincan por encima del fardaje y los cadáveres y reparten cuchilladas a diestra y siniestra. El cielo está cubierto de flechas. Los hijos de Xicoténcatl el Ciego o el Viejo logran resguardar a su hermana Luisa y a Malintzin, lo que produce un gran júbilo entre los sobrevivientes, pero el resto de las mujeres, como Elvira, la hija de

Maxicatzin, y doña Ana, la hija de Moctezuma, más las que les habían regalado en Tlaxcala y en Tenochtitlan, no corrieron con tanta suerte y murieron atravesadas por las flechas o ahogadas. Alvarado fue de los últimos que logró pasar, y según lo que dice Bernal Díaz, lo hizo medio arrastrándose, medio brincando cadáveres y chapoteando. De cualquier forma, su sufrimiento no fue en balde, porque, a diferencia de Cortés, llegó a tener su propia calle en la Ciudad de México, aunque ya se la quitaron: Puente de Alvarado (continuación de Tacuba, por donde salieron huyendo). Entre el peso, la lluvia y las flechas, el puente de madera terminó por hundirse y la retaguardia de la columna ya no pudo cruzar, y quedó aislada y a merced de la furia de los mexicas. Sabían lo que les esperaba y observaron inermes y derrotados cómo los demás españoles y tlaxcaltecas se alejaban corriendo bajo la lluvia. Otros quedaron atrapados en los patios de la ciudad y resistieron combatiendo tres días con sus noches, pero fue inútil y acabaron despedazados. Finalmente serían sacrificados y devorados.

Los sobrevivientes españoles, apabullados, maltrechos y heridos, son guiados por los tlaxcaltecas, y al pasar por Otumba libran una batalla en la que logran dar muerte a uno de los principales caciques y refrenar a los mexicas. Después de eso se dirigen hacia Tlaxcala para recuperarse de sus heridas. Allá los reciben los caciques Maxicatzin y Xicoténcatl, quienes llorando (recordemos las distintas acepciones que tiene el llanto entre los indígenas) les reiteran que sobre advertencia no hay engaño y que los mexicas, según su experiencia, no eran de fiar.

Si vemos este acontecimiento desde la perspectiva de la familia de Moctezuma, sería una noche triste por la muerte del *tlatoani* y de su hija Ana, así como también para los tlaxcaltecas, que tenían la esperanza de terminar con el yugo mexica. Pero la historia oficial siempre nos arrastra a tener empatía solo por los mexicas, nunca por los tlaxcaltecas. Estos están considerados como traidores y vendepatrias.

Ya a salvo y convalecientes, algunos hombres, principalmente los de Narváez, heridos, enfermos o hartos de las ocurrencias del conquistador, además de descontentos con el reparto desigual del escaso botín por parte de Cortés, que tenía la pésima costumbre de hacerlo así, solicitaron permiso a su capitán para regresar a aburrirse a Cuba y este les fue concedido. Por otro lado, empezaron a llegar otros expedicionarios atraídos por los rumores de riqueza, por la rebeldía de Cortés y por el afán de aventura. Otros, como Narváez, habían sido enviados por el gobernador Velázquez para detener a Cortés, lo que nunca logró a pesar de sus quejas, acusaciones y peticiones a la Corona. Murió enrabietado, amargado y derrotado.

Cortés se fortaleció gracias a esas pequeñas expediciones que traían navíos y provisiones de pólvora, ballestas, escopetas, mulas, caballos, puercos y vino. Los recién llegados no se salvaron de los apodos, costumbre muy española, y así unos hombres enfermos, de color amarillo y con el vientre hinchado pasaron a llamarse los «panciverdetes», muchos de los cuales murieron poco tiempo después; a quienes traían una escaupil o coraza de algodón muy gruesa los llamaron los de las «albardillas», mientras que a otros que se veían rollizos y bien alimentados los denominaron los «lomos recios». En efecto, los hombres que acompañaron a Cortés desde el principio de la expedición y aun los que participaron en las expediciones anteriores de Grijalva y Hernández de Córdova sentían un orgullo y una superioridad sobre estos advenedizos que poco conocían de los peligros y prodigios de estas tierras. Literalmente, a Narváez la experiencia le salió en un ojo de la cara, en dos años de prisión en San Juan de Ulúa y la fama de aguafiestas para la posteridad.

Con el pretexto de que en Tepeaca habían asesinado a los españoles que viajaban de Veracruz a Tenochtitlan, y buscando no quién se la hizo, sino quién se la pagara, Cortés emprende una campaña para dominar aquella región, clave para asegurar un paso franco hacia el golfo en caso de una retirada. Para ello perpetra una matanza similar a la de Cholula y somete a los pueblos de la región, lo que le permitirá concentrarse en preparar el asalto final en contra de sus ahora irreconciliables enemigos, los mexicas.

QUIEN SU INJURIA HA DE VENGAR, TIEMPO HA DE AGUANTAR: EL ASALTO FINAL

Además de hombres, caballos y armas para desbaratar la empresa de Cortés, Narváez trajo al mundo mesoamericano un mal desconocido que se cobró la vida de mexicas, tlaxcaltecas y otomíes por igual, sin distinción entre caciques, macehuales ni sacerdotes. El mismo Cuitláhuac, que había quedado al frente del gobierno mexica, murió de viruela unos meses después de la huida de los españoles, y luego también el cacique Maxicatzin. Cortés incluso estuvo de luto por el cariño que le tuvo a este aliado que lo recibió, auxilió y alimentó tiempo atrás y que, a pesar de los descalabros, les siguió siendo leal a los españoles. Es más, le encomendó a los tlaxcaltecas que no le retiraran su ayuda, pues los españoles prevalecerían sobre los odiados mexicas.

Ahora que conoce los motivos de su derrota y los puntos débiles de la capital mexica, Cortés decide realizar un ataque concertado que implique el asedio por agua y por tierra, para lo cual ordena construir pequeños barcos, ligeros y de poco calado. El plan puede sonar descabellado e impracticable, pero la fuerza indígena lo hace posible.

Bajo la dirección del carpintero Martín López y del herrero Hernando de Aguilar, entre otros maestros españoles, cientos de tlaxcaltecas se esfuerzan en cortar la madera. Cortés ordena traer desde Veracruz las piezas que se habían guardado antes de hundir los barcos (jarcias, velas, estopa, calderos, clavos, cuerdas y timones). Ante la falta de brea, los tlaxcaltecas extraen resina de un pinar cercano. Sin embargo, nunca han construido barcos, ya que no viven en la costa ni cuentan con lagos, además, son guerreros, no navegantes. Es probable que Malintzin haya intervenido en la construcción de los bergantines aclarando detalles, pues tlaxcaltecas y españoles no siempre se entendían bien con gestos.

Cuando por fin están listos los 13 bergantines, que son pequeñas embarcaciones de dos mástiles y dos velas, parecidos a lo que hoy llamaríamos lanchones con seis remeros de cada lado y capacidad para llevar a bordo unos 25 hombres, los botan en el río Zahuapan para asegurarse de que están bien lastrados, no se les filtra el agua y no se hunden. Posteriormente los bergantines son desmontados y se necesitarán miles de hombres para transportarlos hasta Texcoco, donde abren un canal para lanzarlos al lago que rodea Tenochtitlan.

Transportar los barcos no fue tarea fácil, hubo que cruzar montañas y pasar por territorio enemigo. La columna se componía de ocho mil cargadores que debían cubrir una distancia de 18 leguas, además de los que llevaban artillería, baúles, alimentos y otros enseres. El paso del ejército duró seis horas sin interrupción. Los tlaxcaltecas, deseosos de vengarse de los mexicas, habían acometido gustosos la empresa de fabricar, transportar y construir la vía de agua en Texcoco bajo el mando de los españoles.

Ahora, recordemos que no todos los hombres de Cortés le tenían cariño o al menos aprecio. Aunque algunos afectos a Velázquez solicitaron permiso para regresar a Cuba y se les concedió, otros amigos del gobernador se quedaron mascando su resentimiento contra el capitán por el desigual reparto del tesoro robado a Moctezuma. Así, poco antes del sitio de Tenochtitlan se descubrió una conjura comandada por Antonio de Villafaña para asesinar a Cortés. El plan consistía en presentarle una carta sellada recién llegada de parte de su padre Martín Cortés y atacarlo a cuchilladas mientras la leí durante la cena. La conspiración se descubrió, Villafaña fue aprehendido, confesó sus propósitos y fue condenado a morir ahorcado. Al resto de los conjurados, Cortés les perdonó la vida, porque aunque sabía perfectamente quiénes eran, no podía perder más hombres. A partir de entonces una guardia de seis hombres acompañaría al extremeño día y noche.

Cuando lo de los barcos quedó organizado, Xicoténcatl, el joven guerrero tlaxcalteca, regresó a su tierra. Los españoles nunca habían sido de su gusto, aunque tanto su padre Xicoténcatl el Viejo como Maxicatzin le hubieran encomendado aliarse con ellos y ayudarlos en todo. A pesar de que los enviados de Cortés intentan convencerlo de regresar a Tenochtitlan para vencer a sus enemigos los mexicas, el tlaxcalteca se resiste. Algunos caciques afirmaban que se trataba de aprovechar de la muerte de Maxicatzin, la vejez de su padre y la ausencia de Chichimecatecle junto con los miles de guerreros que los acompañan para hacerse del señorío y proclamarse *tlatoani*. Lo cierto es que pagaría muy caro ese desacato, ya que Cortés lo condenó a morir en la horca, una muerte deshonrosa reservada a los traidores, ladrones y homicidas. Dos de los hermanos del rebelde tlaxcalteca, en cambio, permanecieron al lado de Cortés hasta el final, peleando junto con el cacique Chichimecatecle.

El plan era machacar a todos los pueblos de las riberas de los lagos para impedir cualquier intento de ayuda y suministro de víveres a los mexicas. Poco a poco son aplastadas la provincia de Chalco, Xaltocan, Cuautitlán, Tenayuca, Azcapotzalco, Tacuba, Texmelucan y Texcoco. Al sur de los lagos, en lo que ahora es Morelos, cayeron Yautepec, Tlayacapan, Xiutepec, Oaxtepec e incluso Cuernavaca. Los mexicas observan y se pertrechan para enfrentarse a los españoles.

Cuauhtémoc queda a cargo de la defensa cuando muere su tío Cuitláhuac. La guerra comienza. En un momento Cortés pide a los furiosos mexicas que guarden silencio para decirles algo, pero estos le espetan: «¿Pensáis que hay otro Moctezuma que haga lo que vosotros quisiérais?». Los españoles, enojados, les responden que son unos muertos de hambre y los mexicas replican que no lo serán más porque en cuanto los agarren a ellos y a los tlaxcaltecas se los van a comer, que ya Huitzilopochtli y Tezcatlipoca les han comunicado el triunfo contundente sobre sus rivales. Para los cristianos, tales manifestaciones son producto de engaños del demonio, pues la Divina Providencia, de la que son fieles creyentes, les dará la victoria. Podemos imaginar a Malintzin haciendo la traducción simultánea de estos intercambios mientras los mexicas, de manera despectiva, arrojan a los españoles un puñado de tortillas en señal de que los muertos de hambre son ellos. El silencio se rompe con la gritería y el ruido de los tambores que se van colando en los nervios de los españoles, pues el estruendo no cesa ni de día ni de noche —técnica muy efectiva de los guerreros mexicas para amedrentar y aturdir a sus enemigos— y no les permite descansar.

Xochimilco presta ayuda a los de Tenochtitlan con miles de canoas y gente que pelea por tierra. Herido o agotado, el caballo de Cortés desfallece y este está a punto de perder la vida, si no es porque los soldados se aprestan a cubrirlo para que pueda retirarse. La batalla con los xochimilcas dura tres días y la ciudad termina asolada e incendiada. De ahí los españoles pasan a Coyoacán, Churubusco e Iztapalapa. Anulada toda posible ayuda de dichos pueblos, Cortés se dispone a realizar el ataque a la ciudad. Pero primero corta el caño de agua que abastecía a la ciudad desde Chapultepec.

Entre las ordenanzas que impone al comenzar el sitio está el permiso para la rapiña y el canibalismo, lo que los tlaxcaltecas aprovecharán, haciendo más cruentos los enfrentamientos y avivando el deseo de venganza de ambos bandos indígenas.

El ejército se divide en distintos escuadrones capitaneados por Cristóbal de Olid, Pedro de Alvarado, Gonzalo de Sandoval y Cortés. En algún momento, los mexicas les arrojan cinco cabezas de españoles a los hombres de Alvarado y les gritan que han matado a Cortés, «Malinche» lo llaman, así como también a otros capitanes. Entre la sangre, las barbas de donde tienen agarradas las cabezas, la confusión y el miedo, los españoles no atinan a comunicarse con sus compañeros que están en las otras calzadas, o al otro lado del lago o de la ciudad. Mientras tanto, los mexicas les gritan llamándolos cobardes, apocados, buenos para nada, bellacos, les dicen que ni su carne es buena para comer y que no se puede ni tragar por su amargo sabor; a los tlaxcaltecas les dirigían peores insultos, asegurándoles que en una semana serían sus esclavos y tendrían que reconstruir sus casas y sembrar sus campos. Los aliados de los españoles (tlaxcaltecas, cholultecas y chalcas) sumaban inicialmente cincuenta mil, cifra que posteriormente aumentó a 150 000. Se organizan rondas de vigilancia nocturna, y a quien fuera sorprendido durmiendo durante los rondines le esperaba una noche eterna, pues el castigo era la muerte.

Cada bando tenía una forma distinta de hacer la guerra. Mientras los españoles seguían la tradición medieval de acordar con el enemigo un día de tregua seguido de otro de descanso, los indígenas gritaban, silbaban y tocaban tambores y atabales día y noche, produciendo un ruido ensordecedor para aturdir al enemigo, además escondían los cadáveres de sus compañeros caídos para disimular el número de bajas y así desalentar a sus oponentes. Los españoles también acostumbraban hacer «alarde» de sus tropas: pasaban revista y hacían un recuento de efectivos y armas, y realizaban algunos disparos con poca pólvora frente al enemigo para impresionarlo. Por su parte, los indígenas solían cerrar los caminos en señal de hostilidad, y si alguien cruzaba esa barrera la guerra era inminente. Ya Moctezuma había ordenado que cerraran los caminos a Tenochtitlan y se plantaran magueyes para evitar el paso de los españoles. Otra táctica mexica era que en una bifurcación uno de los caminos estuviera muy limpio y barrido, y el otro, lleno de arbustos que no permitieran el paso de los caballos. Al avanzar por el que estaba limpio, el enemigo encontraría una emboscada.

Por las noches los mexicas enciendían grandes hogueras que atizaban por turnos y enceguecían a los españoles, impidiéndoles ver con claridad los movimientos de sus adversarios; para comunicarse entre ellos, silbaban de diversas maneras y gritaban mientras tocaban sus tambores.

Cuauhtémoc envía las caras desolladas, los pies y las manos de los sacrificados, así como las cabezas de los caballos capturados, a distintos pueblos con el mensaje de que han derrotado a la mitad de sus enemigos y que pronto vencerán, que solo necesitan un poco de ayuda. Los tlaxcaltecas comienzan a dudar del triunfo de los cristianos. Ya Xicoténcatl el Joven había dicho que vislumbró la derrota y muerte de todos los que se opusieran a los mexicas. No parece tan seguro que vayan a ganar, y la propaganda mexica parece dar resultado; muchos regresan a sus pueblos temerosos de las represalias. Hay pueblos que, confiados, acuden en ayuda de Cuauhtémoc, pero son repelidos por los capitanes de Cortés, que los obligan a regresar a sus lugares de origen. Poco a poco, y a pesar de la fiereza de los guerreros mexicas, los españoles avanzan con los escasos aliados que les quedaban. Los desertores, vislumbrando una pequeña esperanza de prevalecer, regresan y, en la voz de Malintzin y Aguilar, les asegura no solo el perdón por haberse ido, sino el triunfo y la riqueza. Los caballos de los españoles son de poco provecho ante las flechas, lanzas y trampas de los guerreros mexicas, que los atacan desde todos los flancos.

En cuanto a los prisioneros, sus destinos son también diversos: los indígenas sacrifican a los españoles y los ofrecen a Huitzilopochtli, que a cambio les asegura que vencerán en unos cuantos días. Los cráneos de los sacrificados son colocados en enormes *tzompantlis* que buscan aterrar a los adversarios. Los españoles se asombran de ver las cabezas de sus compañeros con el cabello y la barba más crecidos que cuando estaban vivos. El espectáculo es terrorífico. Los mexicas les gritan burlones: «¿Qué dice ahora el rey de Castilla?». Asimismo, utilizan algunas de las armas que los españoles perdieron en la huida de la Noche Triste-Victoriosa y obligan a los prisioneros españoles a que les enseñen a utilizar las ballestas. En el caso de los españoles, su objetivo era aniquilar a los mexicas en la batalla y esclavizar a los sobrevivientes, ya que, según el derecho de la época, es justo y deseable hacer la guerra contra los infieles, es decir, aquellos que no eran cristianos. En algunos casos, llegaban a marcar a los prisioneros en la cara con una «G» de guerra, práctica que continuó hasta que la Corona la prohibió. Mientras dura el sitio, los españoles y sus aliados se alimentan de tortillas (recordemos que son las mujeres las encargadas de moler el maíz y prepararlas), quelites, capulines y tunas, algunas aves y conejos. Además, duermen vestidos y calzados (no con botas, que dan un calor horrible, sino con alpargatas, las cuales habían empezado a usar desde que vivían en Cuba), armados y con los caballos ensillados y listos para atacar en caso de ser necesario.

La lucha es encarnizada. De nuevo la ayuda de Malintzin resulta invaluable, pues no solo los anima en la batalla y los reconforta con sus palabras, también interviene cuando aprehenden a algunos enemigos para, junto con Aguilar, extraer información crucial sobre los movimientos y estrategias de los mexicas y sobre el estado de los prisioneros, con lo cual pueden eludir emboscadas, desbaratar obstáculos y averiguar el paradero de canoas enemigas y el sitio de las trampas. La idea de Cortés prueba ser eficaz. La acción concertada por tierra y por agua termina por prevalecer. Los bergantines, cargados con artillería, hacen estragos en los mexicas a pesar de la incesante lluvia de flechas.

La ciudad resiste casi dos meses y medio, pero la comida escasea y el agua también. Hambrientos y enfermos, los sobrevivientes se alimentan de hierbas, cortezas de árboles, raíces e insectos. Una epidemia se ceba sobre los más débiles. Finalmente, Cuauhtémoc es apresado a bordo de una canoa. Cuando es llevado ante Cortés, le pide que lo maten, pero el conquistador le perdona la vida y lo mantiene prisionero, acompañándolo durante tres años más.

Los cadáveres llenan los patios, las calzadas, los puentes y la laguna. El hedor es insoportable. La gritería y el ruido de atabales y tambores se interrumpen. Con esto se da por terminado el asedio de la ciudad, que ha dejado miles de muertos, heridos, huérfanos, viudas, y ha dado fin a un mundo que jamás volverá. El silencio es sobrecogedor, solo se interrumpe a ratos por la pertinaz lluvia de agosto.

EL BANQUETE DE LA VICTORIA Y ¿DÓNDE QUEDÓ EL ORO?

La otrora gran Tenochtitlan estaba destruida. Los cadáveres flotaban en los lagos y canales, quedaban templos incendiados, y puentes destruidos, imperaba el hambre, la enfermedad y la miseria. Cortés permitió que los sobrevivientes, en su mayoría niños, mujeres y viejos, salieran de la ciudad. Hileras de seres famélicos, enfermos y derrotados vagaron durante días en busca de alimento, refugio o algún pariente que pudiera recibirlos.

En la euforia del triunfo, Cortés organizó un banquete al que solo invitó a algunos. No había suficientes mesas ni sillas para los convidados, lo cual ofendió a los que se quedaron de pie, algo así como la tercera parte de los concurrentes. Recordemos que tanto sillas como mesas son una importación española que no se conocía en el mundo prehispánico. En la celebración de los vencedores se vieron toda clase de desfiguros, los hombres borrachos y enardecidos se subieron a las mesas, presumiendo que comprarían sillas de montar de oro y los ballesteros decían que ellos también harían sus flechas de oro. Unos más rodaban escaleras abajo. Ortiz, el músico, tocó la viola sin descanso, mientras que las pocas españolas presentes se subieron a las mesas a bailar. Corrieron ríos del vino que Cortés había mandado traer de Cuba, junto con los cerdos que se sirvieron en el banquete. A la viuda de Juan Portillo, quien había muerto en algún lugar del lago al mando de uno de los bergantines, no la invitaron a la fiesta, quizá porque estaba de luto y habría sido inapropiado.

Luego vino el desigual reparto del botín, el que obtuvieron al quemarle los pies con aceite a Cuauhtémoc para que confesara dónde había quedado el oro. El torturado respondió que en el fondo del lago, pero lo cierto es que solo sacaron escasas piezas de valor. Los capitanes y frailes cercanos a Cortés pidieron que lo confiscado se repartiera entre los tullidos, cojos, mancos, ciegos, tuertos, sordos, quemados de la cara y las manos con pólvora, que ya no tendrían modo de sostenerse. Cortés los ignoró y recompensó a los de a caballo con ochenta pesos y a los de a pie (escuderos, ballesteros y escopeteros) con cincuenta y sesenta pesos, una cantidad tan irrisoria que ninguno quiso aceptar. Para que el lector se haga una idea de lo exiguo del reparto, en Cuba las ballestas costaban cincuenta pesos cada una, las escopetas cien, los caballos ochocientos y una espada cincuenta. Muchos hombres habían pedido fiado o prestado en la isla con la esperanza de conseguir un rico botín de guerra, pero se quedaron con un palmo de narices. Los cirujanos y boticarios querían cobrar un dineral por las curaciones, ungüentos y remedios aplicados a los heridos en la guerra. Se desataron los rumores y la maledicencia, los soldados decían «que más que conquistadores eran conquistados de Cortés», «que todo el oro lo tenía escondido y que más sometidos los tenía que ellos a los mexicas». La solución de Cortés fue ordenar a los acreedores que les dieran un plazo de dos años para saldar las deudas, pero los reclamos de pago de los soldados y las acusaciones de que era un ladrón no cesaron, por lo cual el capitán decidió dispersarlos al enviarlos a conquistar, «pacificar» y poblar otras provincias y territorios lejanos, como Pánuco, Michoacán, Colima y Zacatula.

Pasaron los meses y seguía el debate para decidir si la desolada capital de la naciente Nueva España se dejaba en el mismo lugar o se mudaba a Coyoacán. Coyoacán era uno de los lugares favoritos de Cortés debido a su abundancia de recursos naturales, su clima templado, ríos y la gran cantidad de flores y árboles que refrescaban con su sombra. La maledicencia y varios testigos que declararon en el juicio de residencia y en el pleito que interpuso la madre de Catalina Xuárez, esposa de Cortés, seis años después de la muerte de su hija, muestran al conquistador como un hombre mujeriego que se «echaba carnalmente» con dos hijas de Moctezuma, además de hacerlo con otras hijas de señores principales y con algunas españolas, madre e hija, circunstancia que escandalizó a sus compatriotas.

En esos meses de solaz, Malintzin quedó embarazada y a finales del año dio a luz a Martín, el primer hijo varón (ilegítimo) de Cortés y que llevará el nombre del abuelo paterno. Mientras eso sucede, Catalina Xuárez, acompañada de varias damas, decide alcanzarlo cuando se percata de que el señor no tiene para cuándo regresar a Cuba. A su llegada es recibida con respeto por los capitanes de Cortés y escoltada hasta Coyoacán. ¿Qué pensaría del hijo ilegítimo de apenas unos meses de su esposo? No lo sabemos, pero Cortés ya tenía una hija, Catalina, anterior a su matrimonio, que al parecer adoraba, así que quizá la mujer recién llegada no se sorprendió con la noticia.

La pareja duró unos pocos meses haciendo «vida maridable», como se decía en aquel tiempo. Una noche, después de un banquete y retirarse a dormir, se escucharon gritos de Cortés que pedía que le acercaran algún candelabro porque Catalina había muerto. Desde que vivía en Cuba, sufría de desmayos o ataques que la dejaban inmóvil y petrificada. En aquel momento nadie pareció sospechar de la repentina muerte, o si lo hicieron, no dijeron nada. Pero años después, la madre de Catalina acusaría a Cortés de haberla asesinado. Varios testigos fueron llamados a declarar y dieron testimonios diversos y contrarios, pero nada se sacó en claro, por lo que no hubo proceso contra Cortés por el fallecimiento de su mujer. Estuvieron casados durante ocho años, de los cuales al menos tres Cortés estuvo ausente. Si Malintzin se alegró de la muerte o le fue indiferente es algo que probablemente nunca sabremos. Su hijo, el futuro don Martín, aún no había cumplido un año.

DEL *TEOCALLI* A LAS IGLESIAS DE PAJA

Al momento de la llegada de los españoles se calcula que la población de Tenochtitlan oscilaba entre los doscientos cincuenta y cuatrocientos mil habitantes. Era sin duda la ciudad más poblada del hemisferio occidental. pero después del sitio quedó desolada. Cortés decidió reedificarla debido a su capacidad económica, su importancia como centro receptor del tributo y también como mensaje permanente de la derrota mexica y del nuevo poder español que se había superpuesto.

Para el gobierno y administración de la ciudad, Cortés formó un cabildo, como lo había hecho años atrás en Veracruz. Se conformaba de alcalde mayor o teniente de gobernador; alcaldes ordinarios, depositarios de la justicia real que debían ser electos cada año, y de regidores. Durante mucho tiempo, la mayoría de estos cargos fue ocupada por conquistadores, al igual que otros cargos del cabildo, como el de alguacil, el de mayordomo del consejo y el de pregonero, oficios que se les otorgaban como recompensa por su participación en la guerra de conquista. El primer alcalde mayor designado por Cortés fue su primo hermano Francisco de las Casas. Juan Jaramillo sería regidor y posteriormente alférez. Y el apoderado de Cortés, Rodrigo de Paz, también sería regidor antes de su desgraciada muerte, como veremos.

El cabildo se encargaba de otorgar los solares o terrenos para que los conquistadores se asentaran y construyeran sus casas, de forma que no podían abandonar la ciudad bajo pena de perder sus solares. La intención de esta medida era que se arraigaran y poblaran la ciudad española. A Juan Jaramillo y a doña Marina, su esposa, se les otorgó una huerta y arboleda para que pastaran sus ovejas en una pared colindante con Chapultepec de doscientos cincuenta pasos en cuadro, con una merced de agua. Para su casa se les asignó un solar en la calle que después se llamaría de la Monterilla. Pero no todo era orden, pues algunos vecinos se llevaban las piedras del dique que contenía las aguas de la laguna para construir sus casas, hasta que el cabildo impuso una suma de cien pesos de oro a los ladrones. Otros vendían puercos y carneros en lo que hoy es el zócalo, mientras que algunos dejaban que los cerdos deambularan libremente por la ciudad, lo que provocaba suciedad y daños. Ante esta situación, el cabildo impuso nuevas multas a quienes no comercializaran el ganado en los sitios designados, como los mataderos ubicados en las afueras de la ciudad. Además, se establecieron reglas para que los puercos fueran llevados al campo en horas específicas y devueltos al corral por las tardes.

Poco más de un año después del sitio de la ciudad llegó una cédula real que confirmaba a Cortés como gobernador y capitán general de aquel inmenso territorio que había bautizado como Nueva España, y el cual, debido a su inmensidad, todavía estaba lejos de ser conquistado y poblado. El territorio comprendía millones de kilómetros cuadrados y sus fronteras eran y continuaron siendo confusas, profusas y difusas hasta bien entrado el siglo XIX del México independiente. La ciudad se trazó según el modelo renacentista, «a damero», es decir, como un tablero de ajedrez, de forma cuadrangular, con unas 13 cuadras y conservando las calzadas prehispánicas que la conectaban con tierra firme; se mandó restaurar el caño de Chapultepec, que después se convirtió en acueducto con arcos al estilo romano, que es tan común en las ciudades españolas como Segovia, Mérida y Tarragona, y en algunas mexicanas como Querétaro, Morelia y Zacatecas.

La primera ocupación de Cortés en la nueva ciudad fue la construcción de la fortaleza de las atarazanas, un edificio alargado que ocupaba varias cuadras donde se resguardaron los bergantines que se utilizaron en el asedio de la antigua Tenochtitlan. Como abarcaba varias calles que todavía no habían sido bautizadas por algún burócrata con nombres de próceres del siglo XX, para dar indicaciones se decía, por ejemplo, «de la casa de Juan Paz a la segunda calle que lleva a las atarazanas».

Como alcalde, que además vivía en dicha fortaleza, quedó Pedro de Alvarado, a quien Cortés le asignó ese primer cargo en el gobierno de la nueva ciudad. Algunos años después la fortaleza quedó bajo la vigilancia de su hermano Gonzalo y luego, durante cuarenta años, de Bernardino de

Albornoz. El edificio se fue deteriorando, pues los bergantines jamás se volvieron a utilizar y unas décadas después estaba sostenido con «palillos» y una buena parte de la laguna se había desecado. Aunque se pagaba el sueldo de ocho o diez hombres, en realidad solo un par de ellos hacía encargos, uno como zurrador y adobador de cueros, oficio considerado vil, otro quizá acompañaba a las hijas del alcalde Albornoz a misa. O sea que mucho trabajo no era. Sin embargo, cuando la Corona decidió suprimir la fortaleza, Albornoz, como tantos otros, logró asegurarse un puesto como alcalde y luego como regidor en el cabildo de la ciudad, al mismo tiempo que hacía negocios personales, una práctica común entre los descendientes de conquistadores y la naciente burocracia que pertenecía a la élite. Tiempo después, en ese mismo lugar se construyó el Hospital de San Lázaro, que atendía a negros y a mulatos.

Por seguridad de los españoles, se dejó una explanada junto a la calzada de Tacuba para facilitar la huida en caso de una insurrección indígena, tal como la Noche Triste-Victoriosa había mostrado posible. Las construcciones de esos primeros decenios tenían una estructura de fortaleza almenada con pequeños torreones debido a que la arquitectura era predominantemente defensiva. El miedo no anda en burro.

El Templo Mayor y otras edificaciones fueron poco a poco desmantelados para construir las casas de los conquistadores, iglesias, monasterios, conventos y hospitales y, por supuesto, los nuevos edificios de gobierno, como el cabildo y lo que posteriormente sería el palacio virreinal sobre las ruinas y con las piedras extraídas. La casa de Hernán Cortés, ubicada en lo que en la actualidad es el Monte de Piedad, abarcaba una manzana entera, con locales comerciales en los bajos. Por supuesto, la proliferación de edificios, animales y el tránsito de personas ocasionó el paulatino hundimiento de lo que hoy es el centro. Los barrios indígenas, que eran cuatro, quedaron a las afueras de la ciudad española y se pusieron bajo las advocaciones de algunas basílicas romanas: Santa María Cuepopan, San Sebastián Atzacoalco, San Juan Moyotlan y San Pablo Teopan/Zoquiapan. Cortés nombró a un gobernador indígena para dichos barrios, a quien posteriormente llevaría a las Hibueras, decisión que contribuyó, entre otros factores, al caos que se desató durante los años de su ausencia, como veremos más adelante.

La fisonomía de la ciudad cambió radicalmente en una década. Una de las primeras iglesias dedicada al apóstol Santiago se construyó sobre las ruinas del *teocalli* de Tlatelolco. Otra ermita se erigió en la calzada de Tacuba en memoria de San Hipólito, patrono de la ciudad, a quien se celebraba el 13 de agosto, día del triunfo español sobre el Imperio mexica. Frente a esta, Juan Garrido, el conquistador de origen africano que introdujo a la ciudad el cultivo de trigo, fundó una ermita llamada de los Mártires, en la que enterraron aquellas cabezas de cabellos y barbas crecidas que los mexicas habían colocado en los *tzompantlis*. En la calzada Tepeyac se construyó una ermita dedicada a la virgen María.

Muchos canales se cegaron para dar prioridad a calzadas más amplias y sólidas para el paso de caballos, mulas, carrozas y carretas. Se prefirió construir casas a lo largo de las calzadas de Tacuba e Iztapalapa. Las cordilleras circundantes fueron deforestadas para utilizar la madera como leña, carbón y vigas de construcción. Los primeros templos no eran de cal y canto, sino que eran sencillas edificaciones de adobe, jacales o estructuras de paja y madera, que con mucha frecuencia eran presas de incendios provocados por velas o arrasadas por las lluvias torrenciales que se intesificaron por la destrucción del ecosistema anterior a la llegada de los europeos.

Pero las transformaciones no fueron solo paisajísticas o urbanísticas. Los sonidos de la naciente Nueva España también eran nuevos; el tañido de las campanas y el ruido de los cascos de los caballos, el cacareo de las gallinas, el mugido de las vacas y el ladrido de los perros al paso de carretas se sumaron a los cantos en las iglesias, sonidos nunca antes escuchados. Sin embargo, la lengua franca durante casi todo el siglo, al menos en el altiplano central de la Nueva España, siguió siendo el náhuatl. La mayoría de los intérpretes que trabajaban en la Real Audiencia eran españoles que se habían casado con mujeres indígenas y habían aprendido náhuatl en el espacio doméstico e íntimo. No está de más recordar que el lenguaje no es solo un conjunto de símbolos, sino la forma en que damos sentido y realidad a nuestro entorno. Junto a las palabras existen referentes ideológicos, sociales y religiosos cuyo significado se fija en la conciencia gracias al lenguaje. Por ende, debido a que ni Malintzin ni Jerónimo de Aguilar tenían el don de la ubicuidad, y porque Orteguilla, el niño paje, había muerto en la Noche Triste-Victoriosa, los conquistadores se vieron forzados a ingeniárselas para aprender una lengua que hasta entonces les era desconocida.

A pesar de las catástrofes climáticas, las hambrunas que les sucedieron y la mortandad indígena originada por las epidemias, los trabajos forzados y el trastocamiento de su mundo, a mediados del siglo XVI la población indígena de la ciudad alcanzaba casi cincuenta mil habitantes, seguida por ocho mil españoles, dos mil mestizos y un millar de mulatos. Estas comunidades vivían segregadas, ya que los afrodescendientes tenían prohibido vivir en los barrios y pueblos indígenas. Conforme avanzó el siglo, la población de origen africano aumentó y superó a la española. Esto provocó que negros y mulatos compartieran la morada con los españoles fungiendo como nanas, nodrizas, cocheros, músicos, cocineras y capataces. La esclavitud africana en la Nueva España fue principalmente doméstica, a excepción de los esclavos que enviaron a los ingenios de Veracruz y Morelos. La finalidad de aislar a los indígenas en repúblicas era ejercer un mayor control sobre la población nativa y, al mismo tiempo, evitar que se contaminaran de los vicios de los europeos, mestizos y afrodescendientes, así como protegerlos de los abusos de estos grupos; sin embargo, dicho propósito nunca se pudo cumplir a cabalidad. La categoría de mestizo, como lo veremos, era más bien flexible y dependía de factores tan diversos como el lugar de nacimiento, la crianza, la fortuna, el sentido de pertenencia, la «pública voz y fama» y otras consideraciones que nada tenían que ver con el color de piel ni con el concepto decimonónico de «raza».

EL CONQUISTADOR ABURRIDO

Con mucha frecuencia se pone especial atención a la actuación de Malintzin durante la Conquista y a su relación con Cortés hasta la caída de Tenochtitlan, como si ahí terminara la historia de ambos, pero esta se extendió algunos años más. Poca atención se ha prestado a la desastrosa expedición a las Hibueras, la cual le costó a Hernán Cortés el caos total del naciente gobierno de la capital novohispana, enormes cantidades de dinero, prisión, tortura y ejecución de muchos de sus allegados, así como la enfermedad y la muerte de cientos de españoles y miles de indígenas que partieron con él hacia aquel destino desconocido.

El hombre que lo arrastró a ese despropósito, o por lo menos quien le dio el pretexto para embarcarse en tan insensata expedición, fue Cristóbal de Olid, hasta entonces fiel capitán de Cortés, que no era cualquier persona. Hombre alto y musculoso, rubio de barba partida, era considerado sabio, prudente y valeroso, lo había acompañado en sus mayores enfrentamientos y descalabros: en el sitio de Tenochtitlan, en la Noche Triste-Victoriosa y en la batalla de Centla. Al caer la capital mexica, Cortés le encargó explorar y pacificar (es decir, buscar riquezas y someter a los nativos) Colima y Michoacán y había cumplido todas las encomiendas con destreza y prontitud. En vista de lo anterior, Cortés lo envía a las Hibueras (en la actual Honduras) para explorar y pacificar la región, y encontrar un paso entre los océanos Atlántico y Pacífico (una obsesión compartida por muchos navegantes y exploradores), también debía liberar a los presos que estuvieran en engorda para ser sacrificados, colocar cruces e imágenes de la virgen en los pueblos por donde pasara y, por supuesto, encontrar oro y plata. Olid parte de Veracruz al mando de dos naos, dos carabelas y un bergantín cargados con aceite, vinagre, vino, frijol, estoperoles (clavos para los barcos), carne de puerco, agua, maíz, estopa, ballestas, pólvora, escopetas, alpargatas, camisas, remos y balas de hierro, entre muchos otros bastimentos y enseres, que con los sueldos de carpinteros, marineros y soldados sumaban casi 36 000 pesos. Las expediciones eran financiadas por particulares con la esperanza de poder cobrar algo a la Corona, como una merced de tierras o una pensión. Cabe destacar que, aunque Cortés envió a la Corona los costos de la expedición (los cuales probablemente fueron el triple de lo estimado) y la Corona autorizó el pago, lo cierto es que, al igual que muchos otros conquistadores, nunca lo recibió.

Pronto llegó a oídos de Cortés que Olid, cegado por la ambición, se había puesto en contacto con su archienemigo Diego de Velázquez (quien lo había criado en su casa en Cuba), para traicionarlo de la misma forma que el conquistador había traicionado al gobernador años atrás. Siguiendo los malos consejos de soldados «bandoleros y bulliciosos», y con la seguridad de llevar una buena armada, caballos y soldados, Olid desconoció la autoridad de Cortés, quien furioso envió a Francisco de las Casas, primo hermano suyo, al frente de un barco bien artillado con un centenar de hombres para castigar la traición de Olid. Las Casas acomete el encargo mediante un juicio sumario y degüella a Olid (como su condición de caballero establecía). Pero Cortés, inquieto y orgulloso, no espera a recibir noticias ni el regreso de sus hombres y, como ignora que estos ya vienen de vuelta tras cumplir la orden, se lanza a buscar a Cristóbal para castigarlo en persona.

UN PERIPLO TAN DESGRACIADO COMO INÚTIL

En octubre de 1524, Cortés emprendería la odisea hacia las Hibueras, la cual duraría cerca de dos años y medio de desgracias y comprendería quinientas leguas, a decir de Bernal Díaz. Una legua era la distancia recorrida por una persona en una hora. Pero el camino no era recto ni empedrado. La expedición recorrió más de dos mil kilómetros, y la mayoría lo hizo a pie, cargando fardos, armas, enseres y comida; arrastrando cañones y heridos; cuidando animales, ya fueran mulas, caballos o piaras de cerdos.

Partió con una comitiva enorme y bulliciosa, compuesta por casi 3 500 personas, entre las que se encontraban Malintzin, el último *tlatoani* Cuauhtémoc, Tetlepanquetzal, señor de Tacuba (ambos representados en la glorieta de Insurgentes y Reforma), cientos de caciques indígenas de Tlaxcala, Michoacán y México, soldados recién llegados de Castilla, bufones, despenseros, soldados, cargadores y hasta piaras de cerdos. Transportaban vajillas de oro y plata, baúles, ropa, sillas, camas y mesas, plumas, tinta y papel. Iban acompañados por mayordomos, reposteros, médicos, cirujanos, titiriteros, maromeros, botiller, oficiales reales, chirimías y sacabuches (músicos), que poco a poco se fueron quedando en silencio.

Cerca de Orizaba, poco tiempo después de partir, Malintzin se casó con Juan Jaramillo, el antiguo compañero de armas de Cortés que estuvo a cargo de uno de los bergantines en el asedio a Tenochtitlan, así que no era un capitán cualquiera. Había demostrado bravura y destreza en el manejo de las armas. Dicho matrimonio ha suscitado suspicacias, recriminaciones e interpretaciones variadas; nadie parece ponerse de acuerdo en las razones que tuvo el conquistador para «ordenar» dicho matrimonio y en las de Jaramillo para aceptarlo sin quejarse en medio de una expedición lejos de los principales centros urbanos (que en aquel entonces tendrían treinta familias españolas como mucho). Lo que Malintzin sintió o pensó de aquella unión tampoco podremos saberlo. Recordemos que en el mundo prehispánico las mujeres eran regaladas, sacrificadas, esclavizadas y ofrecidas al enemigo vencedor para satisfacerlo, en ningún caso se les preguntaba si querían o no casarse con tal o cual sujeto. Lo cierto es que la unión se realizaba en ceremonias frente a varios testigos. Cuando pasaron por la tierra natal de Malintzin, al decir de los cronistas, se encontró con su madre y su hermano, que la miraron sorprendidos, pues se había convertido en una gran señora, ricamente ataviada y altiva, a la que todos (españoles e indígenas) se dirigían con respeto. Malintzin les aseguró a sus parientes que Cortés le había dado riquezas y un esposo, y que no tenía quejas. Recordemos que en el mundo nahua las mujeres de cierta posición deben ser reservadas y prudentes en sus expresiones, sin externar sus emociones, ya sean de congoja o de regocijo.

Es curioso que los autores marcan el final de la relación entre Malintzin y Cortés en ese momento, como si su vínculo hubiera sido solo carnal. Tal interpretación es paradójica, ya que la reduce a un mero objeto de satisfacción sexual, cuando en realidad sabemos que su participación cuando conoció a Cortés fue crucial para la supervivencia y triunfo de las huestes españolas e indígenas, y lo fue también años después, como en aquella expedición hacia lo que hoy es Centroamérica.

En efecto, durante aquel desgraciado viaje lleno de peligros, hambre, muerte y desolación, Malintzin es la intérprete de Cortés en tierras ignotas, explicando a los caciques locales las intenciones de los españoles, traduciendo los sermones de los dos franciscanos, describiendo a los nativos el nuevo mundo que se avecina, quiénes son Carlos V, la virgen María y su hijo Jesús, la santa Iglesia católica, los pecados, la guerra justa, el engaño de los ídolos y lo abominable de los sacrificios humanos. Explica también lo que se les solicita y en muchos casos exige: comida, pasto para los caballos, indios que carguen los fardos; al mismo tiempo va dilucidando rutas y vislumbrando peligros. Convertirse en la esposa del capitán Jaramillo no fue impedimento para seguir ejerciendo las funciones que llevaba a cabo desde que el cacique de Tabasco la obsequiara a los españoles cinco años atrás.

Al comienzo del viaje, mientras pasaban por territorios que les eran familiares, todo eran risas, recibimiento por la gente de los pueblos, banquetes y fiestas, pero conforme la expedición avanzó y llegó a lugares que los europeos jamás habían pisado, cruzando regiones surcadas por los ríos más caudalosos de la actual República Mexicana —Coatzacoalcos, Usumacinta, Grijalva y Papaloapan—, las casas empezaron a cambiar, empezando por que el recién casado Jaramillo perdió ahí la mitad de su fardaje, papeles y pertenencias, en tanto que Cortés perdió plata y ropa. Les fue imposible rescatar nada debido al acecho de cientos de lagartos que habitaban la zona. Hombres y bestias escalaron sierras escarpadas, chapotearon por pantanos y esteros, y bordearon precipicios y lugares inexpugnables en la selva del Petén.

La expedición resultó ser tan trágica y desastrosa como inútil. La accidentada geografía los obligó a construir y tender enormes puentes en algunos tramos. Les tomó días, incluso semanas en caso de lluvia, derribar árboles para fabricar estacas, pilotes, travesaños y barandales para los puentes que les permitieran cruzar esos agrestes parajes. La comida empezó a escasear y muchos hombres se arrepintieron de haberse embarcado en semejante insensatez. Decenas murieron de hambre, otros despeñados, ahogados o extenuados. Los que volvieron sobre sus pasos encontraron la muerte a merced de animales salvajes, indios o el hambre y la desesperación. Los que continuaron adelante abrigando alguna esperanza no corrieron con mejor suerte.

Cortés, siempre mediante Malintzin —quien, recordemos, habla maya chontal— pregunta a los habitantes de aquellas tierras cómo es que logran pasar de un lado para el otro, y los indígenas le responden que no lo hacen por tierra, sino en canoa, por agua, ya que no hay caminos ni veredas (no las habrá hasta bien entrado el siglo XX). Lo único que Cortés llevaba para guiarse en una región inexplorada por los europeos era un mapa pintado en un lienzo de henequén que le habían obsequiado unos indígenas de Xicallango y Tabasco (ahí donde la vida de Malintzin y otras mujeres cambiaría para siempre), y una brújula. Para poder avanzar tenían que abrir los caminos que nadie antes había cruzado y «desbrozarlos» (la palabra se queda corta) sin maquinaria pesada. Recordemos que la mayoría de la mano de obra era indígena. Uno de los puentes que construyeron tenía casi mil travesaños, una obra que les tomó tiempo completar. Durante su construcción, los ríos se llevaron caballos, cerdos y a algunos infortunados tamemes. Otros desgraciados cayeron en profundas cañadas y sufrieron fracturas diversas, pero fueron rescatados con no pocos trabajos. No se encontraron guerreros a su paso, pero los habitantes atemorizados ante su llegada quemaban sus pueblos y huían, con lo cual la escasez de alimentos era casi permanente. En algunos parajes tenían que esperar hasta veinte días, pues la lluvia era incesante. Lograron pasar al sur de la laguna de Términos en Campeche y encontraron un estero enorme. Para averiguar la profundidad, Cortés mandó amarrar varias lanzas, con las cuales determinaron que tenía unos 14 metros de profundidad y unos quinientos pasos de ancho. No tenían canoas para cruzarlo y regresar sobre lo andado no era opción, ya que las lluvias se habrían llevado los puentes con la crecida de los ríos. A pesar de que todos estaban hambrientos y extenuados, Cortés ordenó a los indígenas construir un puente, una hazaña casi milagrosa que completaron en cuatro días con gruesas vigas que se contaban por cientos. Varios soldados e indígenas cayeron desfallecidos por el hambre y las enfermedades. Los caballos cargaron hasta dos enfermos a cuestas. Cuando por fin lograron cruzar aquella enorme laguna, encontraron una ciénaga que calificaron como la más espantosa que hubieran visto. Los caballos se hundían y fue necesario tender una especie de red hecha con hojas y ramas para que los animales pudieran pisar un poco más en firme.

Todos maldijeron a Cortés, que había mandado en avanzada a algunos hombres encabezados por Bernal Díaz para conseguir comida. Cuando regresaban con los ansiados bastimentos, frijol, miel, sal y huevos, fueron asaltados por la tropa que estaba al borde de la inanición. A Cortés lo dejaron con un palmo de narices, casi muerto de hambre y al borde de la desesperación. Estaba furioso, al punto que daba patadas en el suelo y bufaba. No solo faltaban víveres, sino también la sal, tan preciada por los españoles y sin cuyo consumo se sentían desesperados. Bernal Díaz logró conseguir más comida y un par de mujeres para que echaran las tortillas.

Cuando por fin llegan a la provincia de Acallan, al sur de la laguna de Términos, donde Paxbolonacha, el cacique local, los acoge y alimenta de forma amistosa, Cortés recibe información de que Cuauhtémoc, su primo Tetlepanquetzal y otros mexicas están urdiendo un complot para asesinar a los españoles. Hay versiones que involucran a caciques delatores, al propio Paxbolonacha e incluso a Malintzin que, como en otras ocasiones, enterada de los planes, alerta a Cortés. Otras versiones señalan que este se maquinó todo para deshacerse de Cuauhtémoc. Por orden de Cortés se interroga a los testigos e involucrados. Los acusados aseguran que eso de levantarse en contra de los españoles solo era una broma inocente. Aun así, el conquistador no tiene reparos para acusar al *tlatoani* y condenarlo a morir en la horca. A muchos de sus hombres la sentencia y la ejecución de Cuauhtémoc les sabe mal y les parece injusta. Mientras los frailes conminan a los condenados a arrepentirse de sus pecados, Malintzin traduce sus palabras para procurarles la salvación. ¿Qué pensaría Cuauhtémoc al escuchar las conminaciones religiosas traducidas a su lengua en voz de Malintzin? Desagrado y furia, seguramente.

Además de todos los obstáculos que se presentan en la expedición, ahora hay que sumarle un posible levantamiento mexica tras la ejecución de Cuauhtémoc. Cortés pasa las noches inquieto, presa del insomnio y de la desesperación. Una noche, según relata Bernal, cuando dormía en lo alto de un templo prehispánico del pequeño pueblo en el que habían parado a descansar, se levantó en sus cavilaciones nocturnas y, al dar un paso en falso, cayó de una altura de tres metros, descalabrándose.

Aunque cada vez más menguada, la expedición logra cruzar la tupida selva del Petén y arribar a unos llanos agradables en los que hay venados y la posibilidad de conseguir una buena pesca, pero el solaz les dura poco tiempo.

Aquí haré un paréntesis para relatar el destino de un caballo muy particular. Es sorprendente que algunos caballos sobrevivieran a tantos obstáculos y peligros. Además de aquellos que quedaban varados en el lodo o eran arrastrados por la corriente, la leyenda cuenta que un caballo morcillo se lesionó una pata con «un palo atravesado». El cacique local, Canek, se ofreció a cuidar al animal hasta que se recuperara y Cortés volviera por él, pero el conquistador nunca regresó. Cuentan algunos cronistas que a pesar de los cuidados que los indígenas le prodigaron, el caballo que Cortés tanto les había encargado se les murió. Asustados tallaron una figura de madera semejante al corcel, por si el español regresaba a reclamarlo. Casi un siglo después, cuando un par de franciscanos se internó en aquellos parajes remotos para emprender la evangelización, se toparon escandalizados con aquel caballo (que a decir de otros cronistas era de barro), pues la efigie, que estaba colocada en el templo principal, había generado una especie de culto o veneración. Uno de los frailes, horrorizado, decidió destruirlo a pedradas.

Después de aquellos llanos apacibles, la expedición se topó con un puerto de escarpadas sierras que tardaron varios días en cruzar, con una lluvia pertinaz que no cesaba en ningún momento. Cientos de caballos se despeñaron junto con sus jinetes. Llegaron al caserío de Tenciz solo para encontrar que no había habitantes ni alimentos. De nuevo, los expedicionarios de avanzada, entre quienes estaban Bernal Díaz y Gonzalo de Sandoval, llegaron al pueblo de Ocoliztle en la costa del golfo de Honduras, en donde descubrieron a un grupo de españoles famélicos y enfermos que el expedicionario Francisco de las Casas y Gil González Dávila habían dejado ahí, de forma que en lugar de encontrar víveres tuvieron que compartir los pocos palmitos que les quedaban con aquellos infelices. La suerte hizo que a lo lejos, como en las películas de Hollywood, se divisaran las velas de un barco. Era el de un mercader antillano que había llegado a esos remotos lares para probar suerte con la venta de sus productos y por casualidad se encontró a los maltrechos expedicionarios. Cortés le compró todo el cargamento del barco: carne salada, puercos, pan y caballos.

Cuando por fin llegó a su destino en las Hibueras, Cortés se enteró de que Olid había sido degollado por los hombres que envió y que seguramente ya tenía rato que habían regresado a la Nueva España, así que todo el periplo había sido en vano. Pero el conquistador, siempre arrogante, no le dio mayor importancia al asunto y emprendió el regreso. De los más de tres mil miembros que conformaban el grupo inicial, en su mayoría indígenas, solo regresaron ochenta.

Cortés le compra al mercader sus cuatro navíos y regresa por mar con algunos de sus hombres. Sin embargo, uno de los barcos, que llevaba a los dos franciscanos, naufraga frente la isla de Cuba, lo que causa la muerte de casi todos los tripulantes y pasajeros. El resto regresa por tierra por el camino conocido y pasando por Guatemala, donde se encuentran a Pedro de Alvarado, un viejo compañero de armas. De nuevo enfrentan mil y una penurias, escaramuzas, enfermedades y hambre. Maldicen a Cortés y sus ocurrencias. El regreso les toma tres meses y a finales de mayo logran llegar a Veracruz.

En medio de intrigas y persecuciones se entera de que, durante su viaje a las Hibueras, su apoderado Rodrigo de Paz tuvo exactamente el mismo destino que Cuauhtémoc. Apresado por los gobernadores que Cortés había dejado a cargo, Salazar y Chirinos, fue torturado para que revelara el paradero del tesoro de Cortés. Le quemaron los pies con aceite hirviendo, hasta que la piel y los huesos crujieron mientras se achicharraban, y se desmayó sin revelar nada. Incapaz de caminar, ya que solo le quedaron dos retorcidos muñones, fue llevado en andas a la Plaza Mayor, donde finalmente, por órdenes de Salazar, lo ahorcaron.

Antes de llegar a la Ciudad de México, Cortés se entera de que sus numerosos enemigos lo dan por muerto y le han arrebatado el poder y casi todas sus propiedades. Han vendido en almoneda pública (subasta, pues) su ganado, ropa y pertenencias, lo han denostado ante los ojos del rey, y sus amigos y adeptos están muertos o en la cárcel. La situación política es desastrosa. El juez Luis Ponce de León le arrebata el título de gobernador, pero muere a los pocos días; las malas lenguas dirán que Cortés lo mandó a envenenar. En su lugar es nombrado Marcos de Aguilar, que le quita el título de capitán general y repartidor de indios, pero este cae enfermo de bubas (sífilis). Los médicos le recetan leche de cabra y que lo amamante una mujer de origen español, pero los remedios no surten efecto y meses después también muere. Quedan a cargo del gobierno Gonzalo de Sandoval, fiel adepto de Cortés, y Alonso de Estrada, que pronto se enemista con el conquistador y lo destierra de la Ciudad de México. Entonces Carlos V decide llamar a Cortés a España para que dé cuenta de sus actos.

JALONES Y ESTIRONES: LA ENCOMIENDA

La encomienda fue el primer núcleo económico sobre el que se cimentó el desarrollo de la Nueva España. Polémica desde sus inicios, fue de capital importancia al término de la guerra contra el Imperio mexica. Cortés había repartido entre cientos de conquistadores (siempre sus más allegados) enormes extensiones de tierra con miles de indios para que los encomenderos vivieran del trabajo y el tributo, este último reminiscencia de la estructura de poder y control del dominio mexica. Fue un primer intento de ordenamiento, dominación y explotación, que es necesario explicar porque después encontraremos a los tres hijos varones de Cortés, a los de Malintzin y a los de otros conquistadores, e incluso a la hija predilecta y única legítima de Moctezuma, así como a los hijos ilegítimos del antiguo *tlatoani*, implicados en acres pleitos por intentar conservar o acrecentar el patrimonio familiar, cuya riqueza e importancia descansaba en el centro mismo de la encomienda. En efecto, la pervivencia e importancia será parte indisoluble de la vida y el destino funesto de los dos únicos hijos de Malintzin: Martín Cortés y María Jaramillo.

Al derrotar a los mexicas, los españoles los tomaron como esclavos, ya que al final de una *guerra justa* los ganadores podían mantener en cautiverio a los enemigos de la cristiandad. Durante los veinte años que fueron sujetos de esclavitud, algunos incluso fueron herrados en la cara con una «G» de guerra. Los nobles o *pipiltin* estaban exentos de ese trato y condición. Pero, en general, los habitantes de la Nueva España pasaron a la categoría de vasallos, los cuales podían ser libres (los españoles) o tributarios. El vasallaje, que existía desde la Edad Media, se daba de distintas maneras, algunos pagaban un impuesto, llamado *alcabala*, por transportar sus productos y venderlos en el mercado; otros, por comprar algo, como las sisas de vino, o por tener algo, como un puesto dentro de la burocracia. Otra forma de tributar era la de los judíos en Castilla en la Edad Media o la de los indios y las castas en América, que pagaban por ser parte de un estamento. Los indígenas además fueron englobados en la categoría jurídica de «miserables», antigua entidad que amparaba a viudas, huérfanos, ancianos y enfermos. Un miserable es aquel que ha perdido la felicidad y con el que se debe tener un trato compasivo. Así, los indígenas tenían ciertos privilegios en el acceso a la justicia. Los oidores de la Real Audiencia (máximo órgano de gobierno y justicia junto con el virrey) debían disponer dos días de la semana para escuchar (como oidores que eran) los pleitos, las quejas y peticiones de los pueblos de indios. Los nativos tenían también el derecho de escribir al rey directamente y sin intermediación de jueces o abogados, y que no se les cobraran los costos de los pleitos, también podían contratar a un procurador que les llevara sus asuntos.

Así, los orígenes de la encomienda, que era el reparto de pueblos de indios entre los conquistadores como recompensa por sus méritos y servicios al rey, se remontan a la legislación medieval. El tributo, inseparable de la encomienda, permitía al monarca promover el bien común y administrar la justicia. Solo él podía imponer y cobrar el tributo, y cuando les concedía a los encomenderos el poder de cobrarlo en su nombre, decidía la duración de tal facultad. Los únicos que estaban exentos de tributar eran los nobles y los religiosos. El problema de la encomienda era que replicaba el modelo de señorío en España, en el cual los señores feudales se convertían en los intermediarios entre los vasallos y la Corona, lo cual podía ser peligroso porque creaba cotos de poder particulares que después se negaban a sujetarse a lo dispuesto por el rey y su consejo. Esto a la larga resultó en una guerra por el control de los vasallos, las tierras, los tributos y, en el fondo, del poder. Encomendar pueblos significaba también velar por la evangelización de estos, los cuales, como sabemos, eran politeístas hasta antes del contacto con los españoles.

Aunque en aquel momento la política de la Corona estaba en contra de la encomienda, Cortés la instauró con la justificación de anclar a los conquistadores, que al no ver recompensados sus esfuerzos, partirían de regreso a las Antillas o a España. Ya se había visto lo felices que quedaron los soldados con el reparto del botín de guerra. Pero, para satisfacer las ambiciones desmedidas de los conquistadores, la Corona ordenó otorgarles un solar o terreno donde construir una casa, con espacio suficiente para un huerto y algunas tierras para el cultivo o la ganadería, la cual era nueva en estas tierras. El objetivo de esto era instaurar una pequeña propiedad en lugar de los latifundios rurales que en España se habían convertido en señoríos que difícilmente se sujetaban a las designaciones reales. El peligro de que eso sucediera en la Nueva España era inminente.

Explicaré qué era la encomienda, institución que todavía hoy sigue despertando polémica. Desde la llegada de Colón a las Antillas se instauró para los nativos el pago de tributo a la Corona, luego la legislación en torno al repartimiento de indios fue cambiando de acuerdo con las necesidades, quejas y peticiones de los colonizadores por un lado, y por el otro, de los pareceres de los reyes Isabel y Fernando. En un principio el trabajo esclavo de los indios y cautivos de guerra no se distinguía del de aquellos que nominalmente eran libres pero estaban obligados al trabajo forzado a cambio de una paga. Con el tiempo, los abusos aumentaron y la Corona envió funcionarios reales para hacer un censo de los indígenas y poner un límite en el número de indios que podía tener cada encomendero: el máximo serían trescientos. En un principio los repartimientos eran entregados por dos vidas, es decir, al beneficiario y sus hijos; después los indios regresaban al dominio de la Corona u otro encomendero.

Con el sistema de repartimientos el rey cobraba impuestos y pagaba los sueldos de los principales jueces y oficiales de las Indias, pero, como sabemos, la crueldad y avaricia de los encomenderos o de sus mayordomos y administradores levantaron airadas protestas de los dominicos, que vieron sufrir y morir por miles a los tainos y caribes de las islas. La Corona realizó reuniones y consultas, que dieron como resultado las Leyes de Burgos, con las que intentó regular mejor la relación de trabajo entre indígenas y españoles con el fin de suavizar las condiciones laborales al reconocer el principio de libertad. En las leyes mencionadas se estableció, además, que los encomenderos debían proporcionar una construcción como vivienda por cada cincuenta indios de repartimiento y proporcionarles yuca, chile, maíz y gallinas para su alimentación. Debían también construir una iglesia de paja para que los indígenas rezaran por las mañanas y por las noches. Estos debían trabajar cinco meses, después descansar cuarenta días, y regresar a cosechar lo que hubieran sembrado en sus lugares de origen. A los que trabajaran en las minas debía proporcionárseles ollas de carne, pescado o sardinas por lo menos los domingos.

Sin embargo, la realidad es que estas leyes que ordenaban una protección más sistemática y real de los indígenas llegaron demasiado tarde a las Antillas, cuando la mayoría de la población nativa ya había muerto debido a los trabajos forzados, los malos tratos, las epidemias y la guerra. Mas la trágica experiencia de lo sucedido en las islas sería un precedente importante para el desarrollo de las encomiendas en la Nueva España. Como las tierras eran propiedad de la Corona y el rey hacía «merced» de ellas como si fuera un préstamo, en realidad lo más importante de la encomienda eran los indígenas, es decir, ellos eran los vasallos tributarios que sostenían económicamente al encomendero con su trabajo y tributo. Este se hacía en especie, e incluía mantas, maíz, cacao, miel, carbón, leña, entre otros productos para consumo o venta del encomendero, ya que la moneda de plata no circulaba con tanta frecuencia, sobre todo en la primera mitad del siglo XVI. De hecho, la primera casa de moneda de América se fundó en la capital novohispana hasta la llegada del primer virrey, Antonio de Mendoza, en 1535.

Entonces, dado que el encomendero no era dueño de la tierra, con regularidad buscaba comprársela a los pueblos de indios, de manera que si le retiraban la encomienda o no tenía descendencia para heredarla, seguiría teniendo donde cultivar o construir molinos, ingenios u obrajes de paños. Igualmente, intentaba por todos los medios, súplicas, quejas, pleitos y alianzas conservar el tributo, vital para su sostenimiento.

Por otro lado, la encomienda significaba disponer de mano de obra gratuita ilimitada para realizar cualquier tipo de trabajo: construir casas, puentes, diques, molinos, trapiches; trabajar en el campo; recolectar leña, sembrar, pastorear ganado menor; hacer servicio doméstico, y un largo etcétera, además del cobro del tributo que por derecho correspondía al rey. La quinta parte de todo lo recolectado, el quinto real, ya fuera en las minas o en los otros productos que los indígenas debían entregar, era para el rey.

Recordemos que la presencia europea (castellanos, gallegos, andaluces, vascos, portugueses y algunos italianos y flamencos) en aquellos primeros años era realmente escasa, pues no llegaba ni a 0.5% de la población total.

Por ello, Cortés aducía que la encomienda era necesaria para controlar las tierras recién conquistadas y evangelizar a los indígenas. En este punto hay que insistir en que el español fue un imperio confesional, es decir que religión y poder eran un binomio inseparable. El laicismo que rodea el discurso y las instituciones del presente a veces nos impide pensar que en las sociedades de antiguo régimen la religión formaba parte medular de la política y del sostenimiento de las instituciones y el orden social.

Pero dado que la encomienda forzosamente estaba ligada a los caciques locales de los pueblos encomendados, se conservaba la autoridad encargada de recaudar el tributo, sistema conocido, pues era el que habían establecido los mexicas. El *calpixque* había sido desde tiempos remotos el que cobraba el tributo para el Imperio mexica, ahora lo haría para el encomendero. Quien mediaba en la relación con los caciques era el doctrinero y representaba los intereses de la Corona y de la Iglesia. La posición de respeto de este en los pueblos le permitió obtener información y privilegios encaminados a favorecer al rey. Así, los doctrineros no solo eran agentes religiosos, sino políticos. Es el caso del cacique Quetzalmamaltzin de Teotihuacan, quien casó a su hija Francisca Verdugo (bautizada en honor del encomendero Francisco Verdugo) con un español llamado Juan Grande.

A su vez, se establecieron los conventos de las diversas doctrinas cristianas en los otrora núcleos de poder prehispánicos. Franciscanos, dominicos y agustinos fueron poco a poco extendiendo su área de influencia para cristianizar a los indígenas, pero también para intervenir en los conflictos suscitados con las autoridades civiles y los encomenderos. La asignación de un santo patrono en cada pueblo fue fundamental para afianzar la identidad local. Los caciques se acomodaron a este «nuevo» sistema y formaron un vínculo sólido con doctrineros y encomenderos. Hago énfasis en *nuevo*, porque, al menos durante los primeros años, el esquema fue muy parecido al que los mexicas habían implantado para cobrar el tributo a otros grupos indígenas.

Así, la encomienda no era un asunto de tierras, sino uno de fuerza de trabajo y, por supuesto, de control y dominación. Al aceptar trasladar el poder supremo de Moctezuma a Carlos V, los indígenas aceptaron la obligación de tributar al monarca en tanto el tributo permitiera la administración de la justicia y la promoción del bien común. Sin embargo, cuando

Cortés repartió las encomiendas según las categorías, afinidades y lealtades de los conquistadores, no dejó claro qué funciones desempeñarían. Lo que sí se estableció es que los españoles debían estar listos para, en caso de una insurrección, aportar armas, hombres y caballos para atajarla, y que los encomenderos con más de dos mil indios a su servicio debían pagar a un religioso para que los instruyera en la religión cristiana.

El tamaño y los ingresos de las encomiendas fueron también irregulares y variables a lo largo de décadas. No formaban un cuerpo homogéneo ni cohesionado, y lo que se sabe procede de informaciones, quejas y peticiones de sujetos aislados que por su cuenta, y no como una corporación, solicitaban la caridad y benevolencia de la Corona para recibir un poco más de lo que tenían, recuperar lo perdido o ganar lo disputado por algún rival o vecino. Por otro lado, la idea era que el encomendero habitara en aquellas extensas tierras para vigilar la paz y docilidad de los indígenas, pero la mayoría prefería vivir en las ciudades y dejar a cargo a algún administrador de confianza.

A finales del siglo XVI había poco más de quinientas encomiendas, la mayoría de las cuales generaba trescientos o cuatrocientos pesos anuales, una cifra poco atractiva. Por supuesto que en el reparto Cortés se había quedado con los mejores pueblos o señoríos, entre los que se contaban Coyoacán, Tacubaya, Toluca, Cuernavaca, Tepoztlán, Yautepec, Oaxtepec, Oaxaca, Matalcingo, Calimaya y Tepeaca, entre otros. La discusión sobre el número de vasallos tributarios que la Corona le asignó y los que él contabilizaba en su favor fue larga y la arrastró a lo largo de toda su vida. Lo que se encontraba en disputa en el corazón mismo de la encomienda era el tributo. Durante dos décadas, teólogos, obispos, el rey, su consejo y diversas autoridades debatieron sobre la conveniencia de conservar tal institución.

La gran mortandad indígena, producto de epidemias, abusos y reacomodos emocionales, psicológicos y culturales también transformó la institución de la encomienda. Pueblos enteros quedaron desiertos o con cuatro o cinco habitantes, por lo que se creó el sistema de congregaciones, en el cual reunían a indígenas de por aquí y de por allá, creándoles una situación de desarraigo social y cultural. Esto también trastocó las jerarquías de los caciques, ya que permitió que advenedizos, que antes no habrían tenido ninguna oportunidad, pudieran escalar a puestos de importancia dentro de la administración y gobierno de los pueblos de indios. Aquí es pertinente aclarar que el término correcto para designar a los señoríos prehispánicos o *altépetl* de los que dependían los barrios, sujetos o parcialidades es *pueblo de indios* y no *pueblo de indígenas*. El término *indio* no tenía una connotación peyorativa, discriminatoria y racista sino hasta el siglo XIX. Los indios se denominan así porque son naturales de las Indias Occidentales (cuando se habla de las Indias Orientales se hace referencia a Asia).

Poco a poco, la Corona instaló alcaldes ordinarios en los pueblos y ciudades españolas, y a corregidores en los pueblos de indios para intervenir en las relaciones entre nativos y encomenderos, llevar un control más cercano del cobro de los tributos y las tasaciones, pero también de la aplicación de la justicia y la observancia de las leyes. Muchos oficios o cargos públicos se podían vender, heredar e incluso hipotecar, lo que en los sistemas políticos actuales es, en teoría, inconcebible. Decimos «en teoría» porque es de todos sabido que también en la actualidad los puestos políticos se otorgan como pago de favores y con dinero de por medio, aunque no se acepte abiertamente y sea ilegal. En el reinado de los Habsburgo, siempre en guerra con Francia e Inglaterra principalmente, la escasez de dinero se trató de subsanar con la venta de oficios y puestos en la administración real, pero en realidad el problema solo creció con el paso de los años.

A partir de las Leyes Nuevas promulgadas en 1542, la Corona española y su consejo decidieron que la encomienda no pasaría de la tercera generación (es decir, a los nietos) de herederos de los conquistadores y que, por lo tanto, volverían a manos del monarca. Tales disposiciones encendieron la cólera de los encomenderos, que, como Cortés, vieron poco y mal recompensados sus esfuerzos por conquistar tan extensos territorios. Lo establecido no correspondió con la realidad, así que se pueden encontrar algunas encomiendas (aunque pocas) hasta finales del siglo XVII por litigios interminables, problemas de herencia o como la única posibilidad de un medio honesto de sustento para viudas o huérfanas pobres. El mismo Bernal Díaz del Castillo se lamentaba de la pobreza en la que se encontraba en su vejez, viviendo en Guatemala con hijas casaderas y con una encomienda no tan provechosa.

ENCOMENDERAS ESPAÑOLAS

Las encomiendas no solo se otorgaron a los hombres; aunque en menor medida, las mujeres también participaron en ese reparto, ya fueran españolas que habían acompañado a sus maridos o amantes de los conquistadores, o hijas de caciques, como ahora veremos. *Spoiler alert*: las mejores encomiendas de toda la Nueva España, después de la que Cortés se adjudicó para sí mismo, fueron otorgadas a dos mujeres indias: doña Marina, nuestra protagonista, y doña Isabel Moctezuma, aunque primero veremos otros casos que nos permitirán comprender la complejidad y la importancia de la encomienda en manos de mujeres españolas.

Siempre se habla de «los encomenderos», en masculino, aunque hubo mujeres que administraban bienes y vasallos, concertaban compras y ventas y tomaban decisiones importantes por medio de algún apoderado, que podía ser su esposo, hermano, hijos o alguien más contratado para tal efecto. Los cronistas las mencionan solo de paso o no ofrecen detalles acerca de su participación y su vida, pero podemos rescatar algunos fragmentos que nos muestran la presencia de las españolas, de las cuales la mayoría vivía desde hacía tiempo en las Antillas y luego se embarcaron en la aventura de buscar un medio para medrar sus condiciones materiales, sociales y económicas.

Ese fue el caso de Beatriz Bermúdez de Velasco, la Bermuda, mujer de gran hermosura, según contaban sus coetáneos, que al parecer llegó soltera y después se casó con un herrero que venía con Cortés, del cual enviudaría años más tarde. Participó en el sitio de Tenochtitlan, así que fue invitada al banquete de celebración del triunfo, lo que no sucedió con otras españolas viudas de algunos conquistadores. Participó también en la conquista de Pánuco. Volvió a casarse y, por lo que se sabe, su situación económica era bastante precaria, pues su esposo, el también conquistador Olmos de Portillo, solicitó que le dieran alguna recompensa, ya que la encomienda que se le asignó producía poco y las deudas eran considerables. En efecto, no todas las encomiendas eran grandes, ricas y productivas, había muchas que, según sus dueños, no generaban lo suficiente para poder vivir.

Otra española que llegó con Pánfilo de Narváez fue María de Estrada, quien según testigos peleó con valor y fiereza, espada en mano, en la huida de la Noche Triste-Victoriosa, de la cual salvó la vida por un pelo junto con Malintzin y doña Luisa Xicoténcatl. Así como la Bermuda, María llegó soltera (o *doncella*, como se les llamaba en aquel entonces, pues *soltera* es la que anda suelta y tiene una connotación despectiva) y se casó primero con un conquistador del cual enviudó. Se volvió a casar y este esposo, con quien vivió varios años en Puebla, donde ambos murieron, le heredó la encomienda que le asignaron en Tetela del Volcán, la cual producía maíz, chile, frijol, trigo, gallinas y sal. Al morir la viuda, finalmente la encomienda sería donada para el sostenimiento del Colegio del Amor de Dios, que había sido fundado por el obispo Zumárraga para la educación de niñas indígenas.

Otra encomendera fue Beatriz, de apellido González, casada también con un conquistador, llegó con la expedición de Narváez, participó en el sitio de Tenochtitlan y después acompañó a su marido a la conquista de la provincia de Pánuco, donde, al igual que en el asedio a la capital mexica, atendió a heridos y enfermos. Como recompensa se les asignó una encomienda en Pánuco, pero a su parecer producía muy poco, solo quinientos pesos anuales, por lo que ella reclamó a la Corona sus derechos como conquistadora y pidió que se le diera una recompensa por los servicios prestados al rey.

Se debe señalar que no todas las encomiendas funcionaban de forma armónica y continua en su relación con los pueblos de indios vecinos o con otros encomenderos más poderosos. Es el caso de la española Isabel de Ojeda.

Hubo un producto en particular que pronto se volvió de consumo masivo y de exportación: la caña de azúcar, que no existía en América y que los españoles ya habían comenzado a sembrar en las Antillas, debido a que así se ahorraban el accidentado y peligroso comercio con los musulmanes en el Mediterráneo y Oriente Medio.

Al observar el clima y advertir la disponibilidad de mano de obra instantánea, Cortés pensó inmediatamente en lo lucrativo que sería el negocio del azúcar. Y no se equivocó. El primer ingenio azucarero que se estableció en Cuernavaca, y el segundo de toda la Nueva España, perteneció a Isabel de Ojeda. La española también había sido parte de las huestes de Cortés que tomaron la ciudad de Tenochtitlan, aunque no queda claro si participó de forma directa en la guerra o si atendió y alimentó a los enfermos, cuidó enseres o realizó reparaciones. Poco después del sitio, Isabel se casó con un español llamado Antonio Serrano que, como muchos otros soldados, terminó peleado a muerte con Cortés. Aun así se les otorgó la encomienda de Cuernavaca, la cual, como estaba dentro de las posesiones del marquesado del Valle, Cortés reclamó como suya. El esposo de Isabel también le compró algunas tierras al cacique de Cuernavaca y construyó un ingenio azucarero en Axomulco, pero después se le retiró la posesión de la encomienda, a pesar de que viajó a España para defenderla como suya. El hecho es que Isabel no pudo vivir tan holgadamente como uno imaginaría, pues al morir su marido le heredó una deuda de más de veinte mil pesos. La Corona resolvió que el ingenio se dividiera en seis partes, cinco para Isabel y una para el marqués del Valle, pero el pleito siguió porque Antonio de la Cadena vendió ilegalmente la parte de Isabel y después la revendió a otra mujer española. La disputa, que duró años, se fue complicando al punto que Martín, el heredero del marqués, ordenó la destrucción total del ingenio y el traslado de toda la herramienta y los enseres a otro trapiche de su propiedad en Tlaltenango.

Cien años después, el pleito continuó entre los descendientes del marqués y los herederos de Isabel, que eran los jesuitas y la casa de recogidas de la Ciudad de México, a quienes se les habían donado los beneficios del ingenio y las tierras compradas por Serrano. Las donaciones piadosas eran frecuentes cuando no se tenía herederos, además de un buen medio para abrir una puerta al camino celestial después de la muerte, ya que la caridad, una de las virtudes teologales, era un valor intrínseco en la sociedad virreinal. Tales herencias y donaciones aseguraban misas para el descanso eterno del alma caritativa. Dejar alguna capellanía o dote para huérfanas pobres en edad casadera eran otras formas de garantizar un legado de prestigio y buen nombre.

Los ingenios de Tlaltenango y Tuxtla (tierras en las que se establecieron los primeros ingenios) fueron los más importantes durante todo el siglo XVI y su producción, que era enorme, se llevaba casi enteramente a comerciar a España.

Por último, entre los casos de mujeres españolas destaca el de Juana Mancilla, que es quizá uno de los más dramáticos. Se casó con el conquistador Alonso Valiente, quien partió a la expedición de las Hibueras con Hernán Cortés, dejando a Juana en la Ciudad de México. Tiempo después llegó a la ciudad una carta de Diego de Ordaz en la que avisaba de la muerte de varios conquistadores en Xicallango (ahí donde unos *pochtecas* habían vendido años atrás a Malintzin como esclava). Los enemigos de Cortés, que eran muchos y peligrosos, entre los que destacaban Salazar y Chirinos, los oidores de aquella tristemente célebre primera audiencia, ordenaron un pregón por todas las calles de la capital (que en aquel entonces deben haber sido unas cuatro), en el que se daba por muerto a Cortés, entre otros, e incluso organizaron un funeral en ausencia y obligaron a las viudas a contraer segundas nupcias. Juana se negó alegando que no había certeza de la muerte de Cortés ni de los otros hombres, incluido Alonso, su marido, a quien dijo que esperaría volver a ver con vida. Furioso ante su negativa, el factor Salazar ordenó que la humillaran dándole latigazos por las calles de la ciudad (esas mismas cuatro cuadras) y la acusó de hechicera. Los aliados de Cortés se habían refugiado en el convento de San Francisco, pero poco después, en cuanto supieron que estaba vivo, rescataron a Juana, a quien subieron en las ancas del caballo de Alonso de Estrada, aquel que se había enemistado con Cortés cuando gobernó la ciudad, y fue escoltada por varios caballeros en una ceremonia que buscaba devolverle la honra. Murió poco después y su esposo se volvió a casar, pero como de ninguno de sus matrimonios tuvo hijos, heredó sus bienes a María, la hija de Malintzin, y su marido.

Salazar y Chirinos, los empleados de la Corona, fueron destituidos y literalmente enjaulados, y después enviados a dar cuenta de sus arbitrariedades a España. Lo vivido por Juana es un ejemplo de aquellos primeros años de inestabilidad política y violencia que marcaron el gobierno, o mejor dicho el desgobierno, de la Nueva España. Rencillas, venganzas, torturas y asesinatos fueron el sello de la casa en aquel tiempo de avaricia y caos.

ENCOMENDERAS INDIAS, «CACICAS Y PRINCIPALES»

Las mujeres indígenas de origen noble o cacicas fueron, la mayoría de las veces, casadas con conquistadores españoles. Esto se debió sobre todo a tres razones. En primer lugar a la evidente escasez de mujeres españolas; en segundo, porque de esta manera les daban a los conquistadores de extracción modesta la posibilidad de mejorar su situación, y en tercer lugar, porque así impedirían la poliginia y la concupiscencia tan frecuente en aquellos tiempos y en aquellos hombres. Esto aseguraba las alianzas. Recordemos que en tiempos prehispánicos las mujeres eran ofrecidas como un medio para reforzar o establecer vínculos, o preservar o extender un linaje. Los españoles, no solo por la experiencia que habían tenido en las Antillas, sino también por la convivencia con judíos y árabes durante siglos, no tenían empacho en casarse con estas mujeres cuya posición social era superior que la que algunos tenían en su natal España.

Como ya he señalado, los mexicas practicaban la poliginia y Moctezuma tenía varias esposas parientas suyas, primas, sobrinas e incluso tías. Una de sus hijas, Tecuipochtzin, mejor conocida como Isabel, cuya madre fue Tecalco, prima hermana del *tlatoani* e hija de Ahuizotl, tuvo varios hermanos de diferentes madres, algunos de los cuales sobrevivieron a la Noche Triste-Victoriosa gracias a que se refugiaron en los pueblos de origen de las mismas. Otros de sus hermanos, como Chimalpopoca y Axayácatl, no corrieron con tanta suerte, ya que fueron asesinados en la huida, al parecer por orden de Cuauhtémoc, que deseaba la desaparición de la estirpe que se había doblegado ante los invasores españoles. Una hermana de Tecuipochtzin también murió aquella noche, mientras que ella logró regresar con los suyos. Moctezuma le había encomendado a Cortés la vida, cristianización y educación de sus hijos. Dado que el destino de las mujeres de cierto estatus en España era el matrimonio o el convento. A falta de conventos en esos primeros años en las tierras conquistadoras, el destino de estas no podían ser otro que el matrimonio.

A pesar de que se ha dicho que Tecuichpo estuvo casada en primera instancia con Cuitláhuac, el hermano de su padre, y con Cuauhtémoc, su primo, existen dudas de la veracidad de estos datos, ya que ella no lo menciona en los múltiples papeles y documentos de peticiones y quejas que elevó a la Corona por medio de su último esposo, Juan Cano. Aunque quizá si se piensa detenidamente, omitir sus vínculos con quienes fueran acérrimos enemigos de los españoles y combatieron con fiereza y que además recordaba sus orígenes idólatras era una medida más bien prudente. Había recibido el título de *doña*, reservado a la nobleza y a la gente de prestigio. Era inteligente, culta, buena cristiana y muy rica.

Como Moctezuma le había encomendado a Cortés la vida, cristianización y educación de los hijos, al volver de la expedición a las Hibueras, a la que no sabemos si Isabel acudió, la casó con uno de sus compañeros de armas, Alonso de Grado; aquel fue su último acto de gobierno.

A pesar de que toda mujer que deseaba casarse y tener un matrimonio ventajoso debía aportar una dote, Cortés le concedió «el señorío y naturales de Tacuba» sin solicitársela, señalando que por derecho le correspondía. Esta encomienda comprendía la enorme encomienda de los pueblos de Yetepec, Chimalapa, Xilotzingo, Coatepec, Tlallasco, Tlazalla, Guatuzco, Huizquiluza. Chapulmaloyan, Azcapotzaltongo y Duotepeque. Esta era, sin duda, la más rica de toda la cuenca, con 2 400 casas y seis mil vasallos tributarios. El reparto ocasionó diversos problemas con los caciques locales, que constantemente se quejaban de ver disminuidas sus tierras en favor de las mercedes otorgadas a Isabel y de las casas y bardas que se construían allanándoles sus terrenos. La misma Isabel entabló pleitos contra el marquesado del Valle, ya que los molinos instalados por Cortés en sus propias tierras desviaban el agua de los ríos de aquella merced, dejando a los pueblos de Tacuba sin agua para sus cultivos.

Inmediatamente después del matrimonio, Cortés nombró a Alonso de Grado visitador de Nueva España, lo cual requería que inquirieran en todo el territorio, los pueblos y las villas sobre la evangelización y el trato que los españoles daban a los indios. Tarea enorme que parecía tener el fin de mantenerlo lo más ocupado y lejos posible. Grado murió poco tiempo después, con lo cual Cortés se llevó a Isabel a vivir a su casa, y al quedar embarazada de él, resolvió casarla con otro conquistador llamado Pedro Gallego, el cual había llegado con una expedición punitiva de Pánfilo de Narváez y tenía fama de gracioso y dicharachero. La criatura nació cuando el matrimonio ya se había efectuado, y Cortés la reconoció como suya y le dio su apellido y el nombre de la madre de su primera hija ilegítima: Leonor Cortés Moctezuma. Al parecer Isabel no la quiso cerca, pues no la crio y tampoco asignó nada para ella en su testamento. Quizá el repudio no procedía de estar obligada a sostener relaciones sexuales con Cortés, pues sabemos que eso era costumbre en el mundo mexica, sino del odio que le despertaba aquel que de una u otra forma había sido el responsable de la muerte de su padre.

Dos años después nació su primogénito, don Juan de Andrade Moctezuma, pero Isabel volvió a enviudar a los pocos meses. Cortés no se desentendió de su promesa al *tlatoani* y de nuevo la casó, esta vez con el conquistador Juan Cano Saavedra, extremeño como Grado y Cortés, y que también llegó con la expedición de Narváez. De ese matrimonio nacieron varios hijos: Pedro, Gonzalo, Isabel, Catalina y Juan. Ambicioso y convenenciero, Cano se dedicaba al negocio de la leña y fue acusado de talar árboles al pie, es decir, casi hasta la raíz. Gran parte de su vida y esfuerzos los dedicó a pelear mercedes y privilegios en favor de Isabel, e incluso viajó a España para gestionar sus negocios, aunque años después también fungió como testigo en favor de María, la hija de Malintzin, como veremos.

Isabel se convirtió en una férrea adoctrinadora de la religión católica y, a decir de sus coetáneos, era implacable con el látigo sobre las más de cien mujeres que la asistían en su casa y a las que obligaba a rezar todos los días con sus noches. Al morir, otorgó la libertad a los miles de esclavos que le servían en su encomienda y dejó numerosas limosnas para obras pías. Mientras que a sus hijas les heredó cojines, vestidos, lienzos y algunas joyas, a su primogénito Juan y a Pedro, el hijo mayor de su tercer matrimonio, les heredó la encomienda a partes iguales, aunque estos, inconformes, entablaron un pleito que duró más de veinte años y en el que Juan resultó perdedor, quedándose solo con una sexta parte de la encomienda, que tampoco era una miseria, digamos.

Otras dos hermanas de Isabel, Francisca y Marina, vivían bajo su patrocinio, mientras que María, la tercera, murió joven en la Noche Triste-Victoriosa. Por un lado, Francisca se casó con un primo hermano, bautizado con el nombre de don Diego de Alvarado, quien sería el primer gobernante indígena de la ciudad. A su vez, Leonor se casó con Rodrigo de Paz, otro conquistador, por lo cual, igual que Isabel, recibió encomiendas de parte de Cortés. Isabel tuvo además dos medios hermanos, Martín y Pedro, y con este último se enfrascaría en álgidos pleitos por la riqueza que cada uno alegaba merecer por pertenecer al linaje de Moctezuma.

Don Pedro peleó durante años junto con María Miahuaxóchitl, su madre, descendiente de un linaje mexica-chichimeca, para que se le dieran los pueblos de Tula en encomienda. María había sido enviada de niña al palacio de Moctezuma para servir como esposa del *tlatoani*, donde según sus descendientes había sido su legítima esposa y hecho vida maridable con él. No era raro que por no comprender el término *legítimo*, que señalaba a la primera mujer como la auténtica esposa, los indígenas alegaran legitimidad, o que incluso sabiendo que no lo era, insistieran en hacerla pasar por tal para que no perdiera sus derechos, ya que, en el mundo cristiano, las mujeres que eran consideradas concubinas o amantes eran relegadas, y sus hijos eran manchados con la marca de la ilegitimidad. Recordemos que en el mundo prehispánico los *tlatoque* podían tener varias esposas y concubinas de distinta importancia, pero al momento del contacto con los españoles, Pedro era apenas un niño. Cuando tenía 17 años, acompañó a Cortés y al pequeño Martín en su viaje a España. Poco después, a su regreso, fue nombrado gobernador de aquel señorío hasta 1539, cuando fue expulsado por los caciques locales por ciertos delitos, los cuales, al parecer, habían sido cometidos por Francisco Aztlat, un cacique con bastante poder en la región y a quien don Pedro había denunciado por prácticas idólatras.

Los caciques alegaban ser los legítimos poseedores de aquellas tierras y tributos desde hacía veinte años. Don Pedro volvió a España para insistir en sus derechos ancestrales. Sus quejas y peticiones a la Corona se prolongaron por más de veinte años y su media hermana Isabel interpuso denuncias alegando que se quería casar con Inés, una prima hermana (costumbre muy extendida en el mundo prehispánico, como se ha mencionado). El litigio de don Pedro involucró a sus sobrinos, a los hijos de Leonor e Isabel, a sus propios hijos, a los fiscales de la Audiencia y a los caciques de Tula. Los fiscales se negaban a permitir que un cacique indígena conservara vasallos y tributos a la manera antigua, mientras que don Pedro temía sobradamente, y con razón, que los hijos de sus hermanas quisieran heredar algo que le había tomado tantos años y tiempo obtener. Cuando por fin llegó la resolución, en la cual se reconocía que las tierras y los tributos le correspondían por ley, don Pedro había fallecido. De cualquier manera pudo gozar, al menos por unos años, de sus rentas anuales, que era la nada desdeñable suma de tres mil pesos de oro.

Aquí quisiera hacer un paréntesis para mencionar cómo la poliginia practicada por los pueblos indígenas se mantenía y no fue fácil erradicarla. Don Pedro señalaba en una probanza para instituir un mayorazgo que se había casado con doña Francisca, india principal con la que había tenido seis hijos, cuatro hombres y dos mujeres. También que fuera de matrimonio había procreado a don Diego con su tía doña Catalina Quiahuxuchtzin; y con doña Inés Tiacapan, su prima y a la vez sobrina de Catalina, había tenido a don Martín Cortés; que con María Xoco había tenido a Bartolomé de San Sebastián y con María Paxotle a Lorenzo; con Mencia tuvo a María y, por último, tuvo a don Lorenzo y doña Magdalena con otra María, pero de apellido Axalitl. A pesar de su condición de ilegitimidad, don Pedro solicitó, como lo hiciera el propio Cortés con sus hijos, que a todos se les considerara legítimos. Pero el pleito por la herencia y mayorazgo de don Pedro entre sus hijos, los nietos de su hermana Isabel (que insistían en la ilegitimidad de Pedro y de sus hijos) y los funcionarios reales duraría todavía varios años más después de su muerte. Su nieto, don Diego Luis, se iría a Castilla para jamás volver, conseguiría diversas mercedes y se casaría con una encumbrada mujer de la sociedad castellana. La Corona no necesitaba a más descendientes de la nobleza indígena que pretendieran recuperar sus derechos señoriales anteriores a la Conquista española.

Por su parte, Leonor Moctezuma, no la hija de Cortés, sino la media hermana de Isabel también por parte de padre, recibió varios pueblos en encomienda, los cuales el cacique Diego Huaniche reclamó para sí, alegando que pertenecían a sus antepasados desde antes de la Conquista y que el esposo de Leonor no era conquistador, así que solo se los habían otorgado a ella por ser hija del antiguo *tlatoani*. Como muchos otros litigios por tierras, encomiendas, mercedes y heredades, este se resolvió hasta la segunda generación, es decir, en favor de los hijos de Leonor, que años después alegaban que la encomienda era tan pobre que no les permitía subsistir decorosamente, y que merecían un estipendio mayor por ser descendientes del antiguo emperador Moctezuma. Al final la Corona determinó asignarles una pensión además de la perpetuidad de la encomienda. De hecho, las únicas encomiendas cedidas a perpetuidad fueron las que se otorgaron a los descendientes de Moctezuma.

La segunda encomienda más grande de la Nueva España después de la de doña Isabel Tecuichpo fue la de Jilotepec, la cual Cortés asignó a Juan Jaramillo y también pasó a ser propiedad de Malintzin cuando esta se casó con él. A nuestra protagonista también le asignaron las encomiendas de Olutla, donde había nacido, y de Tepequipaque. La riqueza de tributos que recibían era exorbitante. Tan solo Jilotepec, que contaba con diez mil tributarios, daba al año 17 000 pesos en dinero, mantas, trigo y maíz. El enorme territorio fue importante dada su condición de frontera y de paso obligado entre el centro y el norte de la Nueva España. Su población era principalmente de origen otomí, aunque como la de otros señoríos, había estado bajo el yugo mexica. Comprendía parte de los actuales estados de México, Querétaro, Michoacán e Hidalgo.

En un primer momento, Cortés dividió la encomienda entre cuatro conquistadores, práctica que no era infrecuente. Así, Francisco de Quevedo, Hernando de Santillana, Juan Núñez de Sedeño y Juan Jaramillo quedaron como dueños. Pero recordemos que la condición para conservar la encomienda era que vivieran en ella. Luego Cortés cambia de parecer y decide asignar la totalidad de la encomienda a Jaramillo, que lo ha acompañado en diversas conquistas. Por su parte, Quevedo se regresa a Cuba y después parte en la expedición de Pánfilo de Narváez (que no pudo tener peor suerte en la vida), donde perece con casi toda la tripulación. De Juan Núñez de Sedeño no se encuentran mayores referencias, mientras que Hernando de Santillana, de oficio zapatero, varios años después reclama para sí una cuarta parte de la encomienda, que dice le corresponde. En las averiguaciones que se llevan a cabo resulta que Santillana nunca vivió en Jilotepec, sino en Coyoacán, y que los indios no lo querían de encomendero por ser gente baja y vil, pues hacía tiras de cuero y zapatos con la boca y había sido conquistador «de a pie». Jaramillo, venenoso, agrega que no tenía ninguna habilidad para el manejo de las armas ni ballestas y que, por supuesto, no había sido conquistador de «a caballo», lo cual lo colocaba en una posición inferior. Al morir Santillana, su viuda María Marroquina intenta continuar el pleito para conservar aquella parte, pero la pierde cuando la Audiencia le da la razón a Jaramillo. Años después vuelve a intentar recuperar para sí la peleada cuarta parte, pero tampoco lo consigue. La agria disputa por aquella enorme y próspera encomienda, que aseguraba la subsistencia holgada y una vida dispendiosa a su poseedor, continuará por décadas, como veremos.

DOÑA MARÍA JARAMILLO, LA ÚNICA HIJA DE MALINTZIN

Poco se habla de la expedición a las Hibueras y de lo que sufrieron quienes acompañaron a Cortés o, más bien, fueron arrastrados por él a una trágica y amarga travesía que acabó con la vida de miles de personas. Malintzin, a pesar de estar acostumbrada a las incursiones y travesías de los conquistadores, a quienes servía desde 1519, sufrió también el hambre, el cansancio y la incertidumbre cuando sirvió a Cortés y atendió a Juan, su nuevo esposo.

La única hija que tuvo con este último, bautizada con el nombre de María, nació en el mar a finales de abril o mediados de mayo de 1526, a bordo de un barco que llevaba de vuelta a la capital novohispana a sus padres, así como a una pequeña parte de aquella maltrecha expedición en la que solo habían encontrado pantanos, lagartos, víboras, peligros, hambre y muerte.

Para los especialistas en Cortés y la Conquista no es una revelación que la hija de Malintzin naciera en un barco: sin embargo, casi nadie presta atención a ese «pequeño» detalle. En cambio, sí dedican páginas enteras a su atuendo (el tocado, el huipil y las trenzas) y a imaginar cómo, cuando era niña, observaba el vuelo de las garzas, o a suponer lo que «seguramente» anhelaba. No parecen reparar en que Malintzin, rodeada de hombres, agotada, maltrecha y mal alimentada, entre el vaivén de las olas que no siempre era suave (ya vimos que un barco naufragó), en uno de los lugares más incómodos, insalubres y peligrosos de aquel tiempo, y al rayo inclemente del sol, porque los barcos no tenían enfermería ni sala de partos, tuvo a una niña que, a pesar de las terribles circunstancias de su nacimiento, llegó a la edad adulta.

Las embarcaciones, ya fueran carabelas, patachés, urcas o naos tenían poco espacio para que los pasajeros viajaran «cómodamente». La cubierta estaba destinada al fogón, los aparejos y el cordelaje, mientras que las entrañas del navío no eran más que bodegas en las que, en caso de tempestad, los desdichados pasajeros se amontonaban junto con puercos, caballos, sacos de garbanzos y barriles de agua. Lo más seguro es que Malintzin tuviese que parir a cielo descubierto o entre puercos y carne salada. Si algunos sospecharon de la paternidad de aquella niña, se cuidaron de no externarlo. Para todos, era la hija legítima de doña Marina y el capitán Jaramillo.

Cortés tardó un año y medio en volver de aquella funesta expedición. Ya es 1526, los ánimos se han apaciguado y el gobierno se ha restablecido, aunque vendrán dos años de infortunios y hostilidades para el capitán extremeño. Malintzin permanece al lado de Juan Jaramillo y, al parecer, ambos viven en la Ciudad de México, aunque lo único que se sabe de su vida durante esos tres años es que «hacen vida maridable» y es «pública voz y fama» que son marido y mujer y tienen una hija que vive con ellos.

Tampoco la fecha ni la causa de la muerte de Malintzin, que debe haber rondado los 23 o 24 años, son del todo claras. Algunos investigadores aseguran que pereció en una de las tantas epidemias que asolaron el territorio novohispano y que arrastraron a la muerte a cientos de miles de indígenas. Viruela, sarampión, gripa, tifo, *cocoliztli*. Dichas epidemias no diferenciaban entre indios conquistadores e indios conquistados. Se cree que Malintzin murió hacia 1529, ya que un año después Juan Jaramillo, de 30 años, aparece casado de nuevo, ahora con Beatriz de Andrada, de 15. Ambos tienen más o menos la misma edad que tenían Cortés y Malintzin cuando ella le fue entregada como esclava en Tabasco.

¿Cuál fue la relación entre Beatriz, la joven madrastra, y la pequeña María? Ambas mujeres se llevaban escasos 11 años. Suponemos que fue conflictiva, según el devenir del pleito por la encomienda de Jilotepec o, en el mejor de los casos, distante. Lo más seguro es que la infancia de María transcurriera como la de tantos otros niños entre nanas y cocineras negras, mulatas o mestizas a las que se les encargaba el cuidado de los más pequeños. La escuela, como la entendemos hoy, no era opción, pues las niñas debían ser educadas no para leer, escribir ni saber filosofía o ir a la universidad (ya se quejaría de eso sor Juana un siglo después), sino para perpetuar los valores fundamentales del cristianismo: a saber, la honestidad, entendida como un comportamiento recatado y discreto; la obediencia, y el cuidado del núcleo principal de la sociedad, que era la familia. María creció y cuando llegó don Antonio de Mendoza, el primer virrey que gobernó la Nueva España, venía en su séquito un joven granadino llamado Luis de Quesada, quien al pasar el tiempo y, al parecer, instigado por el propio virrey, a los 23 años decidió que María, quien rondaría los 16, era la esposa indicada. Según Cortés, aquella unión no le agradó en lo más mínimo a Jaramillo, probablemente porque a pesar de ser español, el joven no tenía mucho que aportar al matrimonio y, como hemos visto, casarse era, más que un acto de amor arrebatado, un compromiso bien calculado para acrecentar el linaje, prestigio y fortuna de uno y, en esto, era el padre quien tenía la última palabra. Luis, acompañado de algunos amigos, cerró la calle e intentó raptarla, ya que el rapto era una práctica frecuente en España cuando los padres se negaban al matrimonio, pues al final no les quedaba más remedio que aceptar la unión para salvar la honra familiar y evitar el rumor público y la maledicencia. Aunque María no se escapó con Luis, este corrió el rumor de que habían tenido un apasionado encuentro, lo que equivalía a una deshonra. Jaramillo cedió a la presión, quizá para evitarse mayores enfados y el desprestigio de que su única hija anduviera en boca de todos, y terminó por permitir el matrimonio, aunque parece que nunca se repuso del coraje.

Alrededor de 1539 estalló la rebelión del Mixtón, liderada por el indígena Francisco Tenamaztle, en Nueva Galicia, la cual puso en jaque al gobierno virreinal durante bastante tiempo. Caxcanes y zacatecos, entre otros pueblos, se levantaron en contra del dominio español e incluso el virrey de Mendoza tuvo que apersonarse para aplastar la revuelta. Acudió en su auxilio Pedro de Alvarado, quien había sobrevivido a expediciones, peligros, selvas tupidas, enemigos y sacrificios humanos, así como a flechas, lanzas y pedernales, pero murió aplastado por su caballo al subir por la escarpada geografía del cañón de Juchipila. Luis, el esposo de María, también se alistó y pidió prestados caballos, armas y esclavos a su suegro; sin embargo, la rebelión ya había sido sofocada para cuando llegó, aunque logró llevarse algunos esclavos de guerra. Cuando regresó, él y María se enteraron de que Jaramillo había dividido su encomienda de Jilotepec y le había dejado las dos terceras partes a Beatriz de Andrada, y solo una parte a ellos. Aunque su padre todavía vivía, María elaboró un detallado cuestionario con Luis que dejaba muy claro el papel desempeñado por su madre en la conquista y lo que a ella, por ser la única hija legítima de doña Marina, le correspondía.

Muchos testigos que habían conocido a Malintzin y compartido desventuras, accidentes y peligros con ella respondieron al interrogatorio. Este es interesante porque nos permite ver la imagen que tenían de ella no solo María, sino también sus contemporáneos. A pesar de que nuestra protagonista había muerto hacía 12 años y la conquista de Tenochtitlan sucedido más de veinte años atrás, los interrogados tienen recuerdos vívidos de su actuación en aquella guerra que ganaron los españoles y sus aliados indígenas. Así, aseguran que doña Marina (porque así la llaman todos) «[fue] cabeza que no pereciese la gente española y que esta tierra se ganase [...] por su buena industria y sagacidad [...] servidora de la Corona real y por los buenos consejos y avisos que daba al capitán por todas partes adonde iba, la llevaba. Por la buena intención y voluntad que tenía». Otros señalan que doña Marina «por ser lengua de muchas lenguas en el camino les fue muy leal», «que los indios tenían y tuvieron a la dicha doña Marina siempre en mucha veneración y le acataban y servían mucho haciendo lo que ella les mandaba [...] los españoles tenían necesidad de comida e dicha Marina, como era natural e lengua de los indios, les hablaba y pedía y se la daban, y con su buena plática hizo venir muchos indios en favor y ayuda de los españoles». Con agradecimiento, respeto, admiración y reconocimiento, los conquistadores dan cuenta de la actitud de nuestra protagonista: «mujer sagaz y de buen consejo». «Ella fue la causa de que dicha nueva España se ganase e pacificase. Doña Marina fue fiel en su oficio y tuvo amor a los españoles».

María introduce una afirmación que parece inocua, pero que está cargada de intención, por no decir de reproche y veneno, ya que sabe lo que significa ser mujer de cierto estatuto social y lo que se espera de su desempeño. Señala que su padre se casó en segundas nupcias con doña Beatriz y remata: «De la que aun ha veinte años de estar con ella casi, no ha habido hijo ni hija». Eso debe haber calado profundo en el ánimo de la madrastra.

Los testimonios se guardaron para utilizarlos cuando Jaramillo muriera, casi diez años después. Había dejado cuantiosas deudas, como solía pasar, así que la huerta cerca de Chapultepec que les había otorgado el cabildo a Malintzin y a Jaramillo se vendió, al igual que varios esclavos de origen africano. Y aunque parece que María quería desistir del pleito, Luis impugnó el testamento de su suegro casi inmediatamente después de su muerte. No en balde a Jaramillo nunca le cayó bien su yerno, le habrá visto la cara de buitre. Doña Beatriz enfureció y respondió al pleito reuniendo varios testigos que declararon que doña Marina fue de baja estirpe y esclava, y que su finado marido perdió más que ganó con ese matrimonio. Doña Beatriz, de 35 años, rica y poderosa, esperó tres años para casarse de nuevo, y esta vez lo haría con Francisco, el hermanastro del virrey don Luis de Velasco.

Entretanto, y después de varias pérdidas, María tuvo un varón que bautizaron como Pedro, y que Luis llevó a España aun siendo niño para encontrarle alguna casa en donde se criara o la protección de algún benefactor. También aprovechó haber cruzado el Atlántico para darle celeridad al pleito de la encomienda que llevaba ya años y no parecía resolverse de manera favorable para él y su esposa. Allá, al parecer, conoció a Martín, medio hermano de María, que por aquellos años iba de España a Italia y Francia al servicio del rey, tal como veremos. Los cuñados intercambiaron promesas de ayuda mutua. Luis dejó a Pedro y regresó a la Nueva España, se quejó de que el viaje había salido muy caro y aquel tercio de la encomienda que Jaramillo les dejó no alcanzaba para todo lo que requería. María, como Malintzin años antes, no volvería a ver a su hijo.

La disputa por la mentada encomienda siguió durante años, plagada de ofensas por parte de doña Beatriz, que intentaba, de manera infructuosa, llamar a un testigo tras otro para denostar la imagen de Malintzin y manchar su memoria, incluso la llegó a acusar de traición. Pero ninguno de los testigos le dio la razón, ya fuera porque no se presentaron, o decían no acordarse o no estar presentes cuando eso había ocurrido. Pero tampoco fueron contundentes en contrariarla. Incluso el poderoso Leonel de Cervantes, padre de Beatriz, testificó en favor de María. Nadie quería echarse de enemigo al hermano del virrey y, mucho menos, al virrey.

María murió y Luis se empeñó en continuar con el pleito. Al enterarse de la muerte de su madre, Pedro quiso regresar a la Nueva España, pero la situación se había complicado de forma alarmante y ser sobrino de don Martín Cortés no le fue de ayuda, tal y como veremos, así que le aconsejaron esperar a que pasara la furiosa tormenta que se había desatado sobre las cabezas de los hijos de los conquistadores. Mientras tanto, doña Beatriz solicitó el sobreseimiento del pleito en vista de que María había muerto y Pedro no tenía fecha para regresar. Cuando este y su padre intentaron reabrir el pleito, la sentencia del Consejo de Indias fue definitiva: les dio la razón a doña Beatriz y su esposo don Francisco de Velasco, y ordenó tanto a Luis como a Pedro guardar silencio perpetuo sobre el asunto y que no volvieran a importunar al consejo. La decisión tiene cierta lógica, ya que la Corona había insistido en que las encomiendas no se heredaran a las terceras generaciones. La conjura de 1566 le había dado la razón en que era una pérdida para las arcas reales, así como también un peligro por los cotos de poder locales que se habían erigido. Como doña Beatriz nunca tuvo hijos ni con Jaramillo ni con Velasco, la encomienda, que era muy próspera y productiva, quedaría en manos de la Corona. En cambio, si se la otorgarban a Pedro, solo perpetuarían un pleito que ya había trascensdido generaciones. Más de 25 años entre la madrastra y el yerno inoportuno, y 65 en total contando a Santillana, su viuda y demás pretendientes a la encomienda. En efecto, a doña Beatriz no se le permitió heredar sus dos terceras partes a ningún pariente, por lo cual, cuando murió, aquella merced que tantos disgustos, insultos, pleitos y venganzas había desatado, regresó al dominio real.

DON MARTÍN, CRIADO EN LA CORTE DEL FUTURO REY

A pesar de que Malintzin era muy joven cuando fue regalada a Hernán Cortés y asignada a Hernández Portocarrero, quien casi de inmediato debe regresar a España para defender la causa del conquistador y donde morirá en la cárcel, y que convivió con Cortés por lo menos durante cinco años, solo tuvo un hijo con él. Podemos especular sobre si usó algún método anticonceptivo o abortivo, pero sabemos que en el mundo indígena esto era mal visto y duramente castigado en esos tiempos y en un mundo en que la principal función de la mujer era procrear. Así que partamos no de lo que imaginamos que Malintzin pudo haber hecho, sino de lo que sabemos que hizo, que fue parir al primer hijo varón de Cortés y que recibió el nombre de su abuelo Martín y que, como tantos otros niños de aquel tiempo, no se crio con su madre.

Sabemos que cuando sus padres partieron a las Hibueras en 1524, Martín, que contaba con apenas dos años de edad, no los acompañó, lo que probablemente le salvó la vida en vista de lo acaecido en la expedición.

Con demasiada frecuencia se designa a Martín, nacido en Coyoacán, como «el mestizo», para diferenciarlo del homónimo que Cortés tuvo con su segunda esposa, la española doña Juana de Zúñiga, aunque en aquel tiempo nadie lo llamaba así. Me parece que tal apelativo tiene sus raíces en los prejuicios raciales y estereotipos negativos que se fueron construyendo a lo largo del siglo XIX y que actualmente están en el centro de la conversación, pues en ningún documento de la época se le llama *mestizo, bastardo* o *indio*. De forma que el apelativo «el mestizo» resulta anacrónico y tiene una carga racista que no existía tal y como la entendemos hoy.

Es cierto que los documentos virreinales designan a los mestizos (descendientes de español e india) como «flojos, viciosos y con malas inclinaciones», pero esa categoría se aplicaba a un conjunto amplio de personas y no para descalificar la honorabilidad o el linaje de alguien en particular. El surgimiento de los mestizos fue inevitable no solo por la escasez de mujeres españolas, sino por la posibilidad de conseguir un matrimonio ventajoso con la hija de algún cacique o señor principal indígena, o debido a relaciones extramatrimoniales entre estos y los españoles que, a pesar de estar prohibidas, sabemos que eran muy frecuentes.

En efecto, las consideraciones que se tomaban en cuenta para juzgar el desempeño, carácter y lugar en la sociedad de una persona dependían de todo menos de la «raza». El linaje (un padre o madre prominente podían opacar el origen dudoso de un nacimiento), la riqueza, la fama, los servicios a la Corona, las relaciones con la comunidad, además de virtudes como la caridad, la valentía o la prudencia, la prodigalidad en las limosnas y en los regalos, eran variables de mayor peso para definir la calidad y condición de una persona.

Martín fue hijo de español y se crio como español en la corte española. Peleó por Carlos V y Felipe II. No hay indicios de que hablara la lengua de su madre, ni que conservara alguna costumbre de la cultura indígena. No sabemos quién se quedó a cargo de él cuando sus padres partieron a Honduras, pero convivió muy poco con Malintzin, que estuvo ausente dos años y a la que no sabemos si volvió a ver y en qué circunstancias antes de que su padre decidiera llevarlo a España cuando tenía alrededor de 6 años. Cortés solicitó su legitimación ante el papado, la cual le fue concedida poco tiempo después.

La diferencia principal entre los dos hermanos del mismo nombre fue la condición de ilegitimidad más que de «raza». La legitimidad de un hijo era un atributo importante entre ciertos sectores sociales, pues aseguraba la solidez de la unión familiar, la herencia de un mayorazgo indivisible y la preservación de un linaje. Por tanto, un hijo habido de forma legítima en un matrimonio era considerado primogénito y heredero de los bienes del padre, es decir, del mayorazgo. Durante buena parte del siglo XVI los descendientes de uniones indígenas y españolas no se designaban a sí mismos como mestizos, sino como indígenas o españoles, según el medio en el que se criaran, sus intereses, motivaciones y desempeño en la comunidad. Aunque hubo muchos mestizos hijos de conquistadores y de cacicas indígenas, se presentaban con orgullo como descendientes de nobles. Es el caso del cronista Fernando de Alva Ixtlixóchitl, quien a pesar de tener tres abuelos españoles y uno indígena, se decantó por identificarse con este último, por lo cual portaba con orgullo el apellido del último *tlatoani* de Texcoco. En cambio, el famoso cronista de Tlaxcala Diego Muñoz Camargo, hijo de un extremeño que llegó unos años después de la conquista y de una mujer indígena, optó por identificarse con el lado español, como su nombre lo indica. Encargado de llevar el *Lienzo de Tlaxcala* a Madrid para enaltecer las acciones de los tlaxcaltecas como conquistadores, aliados incondicionales de la Corona y artífices de la conquista, lo cierto es que Muñoz Camargo se dedicaba a la ganadería (actividad que, durante siglos, al menos en lo que respecta al ganado mayor, fue ejercida por españoles y afrodescendientes). El cronista conocía bien el mundo de la burocracia y así, después de años, cobró a los tlaxcaltecas todavía miles de pesos por su viaje a España, alegando que no se habían cubierto del todo los gastos.

De ahí que cuando hable de Martín, el hijo de Malintzin, utilizaré su nombre de pila antecedido por *don*, reservado a ciertas personas de respeto y prestigio, mientras que para designar a su hermano menor del mismo nombre utilizaré el término de *segundo marqués* o *marqués* a secas. Por lo tanto, el lector no encontrará esa diferenciación tanto arcaica como racista de «el mestizo» o «el criollo» tan utilizada en la historiografía que se ocupa de ambos hermanos.

En 1528 Cortés se embarcó para España junto con Martín, hijo suyo y de Malintzin, su fiel capitán Gonzalo de Sandoval y dos hijos de Moctezuma: don Pedro y su hermano Martín Cortés, tocayo de los dos hijos de Hernán. Por lo visto, la originalidad en los nombres no era una preocupación de aquellos tiempos. Sabemos que esos medios hermanos ilegítimos de doña Isabel Tecuichpo pelearon por conservar o acrecentar sus privilegios y por ello viajaban al viejo continente. En aquel barco iban también algunos señores principales de Tlaxcala, tierra de indios conquistadores, así como decenas de criados indígenas.

Aquí haré un pequeño paréntesis para explicar la acepción de *criado*, que es un término muy común en el Antiguo Régimen. Aunque ahora tiene una connotación negativa, en el pasado no se usaba en términos peyorativos, ya que significaba primera crianza, alimento y educación que una persona había recibido desde la infancia, es decir, que alguien se había «criado» en casa de algún protector o benefactor que pagaba por su manutención y educación, de forma que un criado podía ser un familiar, un sirviente o un protegido.

Por otro lado, aunque los antiguos mexicas eran diestros en el manejo de canoas y la navegación por lagos y ríos, cruzar el Atlántico era una experiencia totalmente distinta. Tampoco debió haber sido fácil para los tlaxcaltecas. ¿Y cómo sería la interacción de aquellos antiguos enemigos a bordo del barco? Es algo que solo podemos intuir vagamente.

Pese a las incomodidades, el hacinamiento y los peligros propios de la navegación trasatlántica llegaron bastante rápido al puerto de Palos de la Frontera, remontaron el Guadalquivir y se hospedaron con familias acomodadas en Sevilla, que era el puerto más esplendoroso y vibrante de la España del siglo XVI. Ahí, el capitán Gonzalo de Sandoval se enfermó, un tabernero le robó y, finalmente, murió sin esposa ni hijos. Asimismo, algunos de los caciques murieron debido al cambio de clima, alimentación, las enfermedades para las que no tenían anticuerpos y las sangrías a las que los sometieron los barberos sevillanos en un intento por curarlos. El resto logró regresar a América unos meses después.

Hernán Cortés, en cambio, se quedó para arreglar el pago del quinto real y se dispuso a ir en pos del rey Carlos V pues, por aquellos años, la corte aún era itinerante. Se dirigió a Toledo, pero cuando llegó, el rey ya había partido a Madrid; días después, al llegar a Madrid, se encontró con que de nuevo el rey se había marchado. Cuando por fin logró reunirse con él, se sintió decepcionado, a pesar de que el rey le otorgó mercedes enormes de tierras y miles de vasallos tributarios, además del flamante título de «marqués del valle de Oaxaca». El conquistador quería más, sentía que merecía más. Su decepción y frustración solo se incrementaría con el paso de los años debido a la reticencia de la Corona y su consejo de otorgarle más privilegios y el nombramiento de virrey, que tanto había anhelado, y que a pesar de los procuradores, préstamos, gestiones, papeles, súplicas y exigencias jamás conseguiría.

Por otro lado, volviendo al pequeño Martín, Cortés consiguió que su hijo ingresara a la corte española y se criara como paje del futuro rey Felipe II, quien era pocos años más joven que él. En la actualidad, separar a un niño de su madre en edad temprana es algo que se desaconseja, pero en aquellos tiempos era común que los hijos de nobles o hidalgos no se criaran en casa de sus padres, sino con algún protector, benefactor o miembro de la realeza que le allanara el camino para recibir alguna merced o beneficio. En el mundo español, alrededor de los 7 años, la presencia femenina no era aconsejable en el caso de los varones, ya que podían volverse delicados, y lo que se necesitaba en un mundo predominantemente masculino era firmeza y temple en las decisiones. No es raro entonces que Martín parta con su padre a España. No volverá a ver a su mamá, Malintzin.

Cortés, con su flamante título nobiliario y su enorme riqueza, partió entonces para casarse y dejó a Martín, de 7 años, al cuidado de la reina doña Isabel de Portugal, esposa de Carlos V, en calidad de paje y fiel compañero del príncipe y futuro rey Felipe II. Crecería junto con otras decenas de niños hijos de nobles en la corte española, consolidando no solo lazos de lealtad y servicio, sino incluso afectivos.

Según cuentan sus coetáneos, el príncipe Felipe era un niño tímido, indeciso, retraído y rencoroso. Su preceptor era Juan Ginés de Sepúlveda, el mismo que propugnaba la guerra justa y la servidumbre de los indios. A su vez, Felipe no era muy afecto al estudio y le costaba trabajo escribir.

En España, desde siglos atrás, el rey tenía un enorme séquito de asistentes, criados, pajes y empleados. Dado que las filas de los empleados reales se fueron engrosando con el tiempo, ya que incluían tanto los de la casa del príncipe, del rey y de la reina, así como la creciente burocracia, el futuro Felipe II decidió instalar definitivamente la corte en Madrid. Andar de ciudad en ciudad, de villa en villa y de pueblo en pueblo cargando baúles, ropa, escritorios, sillas, camas, papeles, libros y tinteros, cocineros, escuderos, botilleros, panaderos, nodrizas, cocheros, caballerizos, confesores, preceptores, procuradores, escribanos y fiscales se convirtió en una tarea impracticable.

Es en ese enorme séquito de acompañantes, mayordomos, criados, compañeros de juegos y de armas, camareros y tutores, que don Martín será designado «gentilhombre de boca del rey», es decir, era el encargado de servir la mesa y acompañarlo cuando comía, siempre debían ser tres, y en rango solo el mayordomo estaba por encima de él. También debía acompañar al rey montado a caballo cuando este salía a la capilla o cuando asistía a las iglesias en las ciudades o pueblos. Pero no debemos imaginarnos grandes conversaciones y carcajadas durante la comida diaria. El ritual era solemne y rígido y el futuro rey no debía hacer tantos gestos, sino mantener un ánimo templado, sereno y, de ser posible, inescrutable.

Hernán Cortés consiguió que Martín fuera legitimado por bula papal (junto con otros dos hijos ilegítimos: su querida Catalina, hija de Leonor Pizarro, nacida en Cuba antes de la conquista de Tenochtitlan, y Luis, nacido al parecer de una española Antonia o Elvira de apellido Hermosilla pocos años después de don Martín). Gracias a esto, Martín ingresó a la prestigiosa orden de Santiago siendo aún niño, lo que le permitía usar el traje y escudo y lo mantenía en condición de privilegio. Las órdenes militares, como la de Calatrava, Alcántara y Santiago, habían sido fundadas desde el siglo XII para pelear contra los moros. Con el tiempo, acumularon tal poder y riqueza que rivalizaban con el poder real. Durante el reinado de los reyes católicos, se incorporaron los maestrazgos y los monarcas, en concordancia con su política de control y unificación, asumieron el poder de otorgar dicho hábito, uno de los mayores honores con el que se podía premiar a un noble por sus servicios.

Para ingresar a la orden se debía solicitar primero el hábito y, una vez otorgada la cédula real, se iniciaban las probanzas de legitimidad, nobleza y limpieza de sangre. Para demostrar estas cualidades se interrogaba de manera exhaustiva a hombres cristianos ancianos acerca de los antecedentes, linajes y legitimidad, entre otros aspectos, del aspirante al hábito. Las preguntas las conducían un fraile y un caballero de la orden que debían visitar los lugares necesarios para recabar la información sobre el pretendiente, sus padres y sus abuelos. Del lado de Hernán quizá no fue difícil averiguar aquellos datos. Pero en el caso de Malintzin fue más complicado, ya que antes de ser obsequiada a los españoles vivía en la gentilidad, es decir, sin haber conocido la palabra de Dios. En cuanto a legitimidad y linajes tampoco se podía defender, ya que su hijo, don Martín, había nacido en la ilegitimidad, pero gracias a la bula papal ese pequeño detalle se solventó y en una solemne ceremonia se le otorgó el prestigioso hábito.

Diego de Ordaz, el antiguo capitán de Cortés con quien había compartido aventuras y descalabros y el primer español en bajar al cráter del Popocatépetl, acompañó al pequeño Martín en la audiencia que duró 12 días en Toledo. Los testigos declararon que el niño no tenía antepasados moros, judíos ni esclavos y el origen noble de doña Marina, su madre, estaba fuera de toda duda a ojos de los coetáneos.

Entre Madrid y Toledo pasó su infancia Martín, quien compartía juegos y el lugar para dormir con el pequeño príncipe y varias decenas de hijos de condes, duques y marqueses. Aunque tenía un preceptor pagado por su padre para aprender a leer, escribir, montar a caballo y manejar la espada, estaba solo, lejos de sus papás. Su madre había muerto un año después de su partida a España y no sabemos si la recordaba. Siendo todavía pequeño, Martín enfermó de escrófula (inflamación de los ganglios del cuello acompañada de debilidad general), también llamada «mal del Rey», ya que la única curación posible se daba mediante la imposición de manos del monarca. Está claro que este no lo curó, porque en una carta, su padre Hernán se mostraba alarmado e incrédulo de que tan ordinaria enfermedad aquejara a su hijo. Según testigos de la época, Martín se repuso, a pesar de la endeble salud que lo aquejaba.

Hernán Cortés arregló para su hijo un matrimonio a la altura de sus ambiciones con la hermosa, joven y altiva Juana Ramírez de Arellano, que tenía tan solo 19 años. Para ese entonces, Cortés tenía 44 o 45. Su hijo heredaría todos los privilegios, tierras, nombramientos y, por supuesto, el título de segundo marqués del valle con la condición de que se encargara de la manutención no solo de sus hermanos varones, sino también de sus hermanas legítimas y su media hermana Catalina, la cual había nacido en Cuba, así como de María y Leonor, que también se criaron en su casa. Catalina, años después despojada de todo por doña Juana, su madrastra, tendría un final triste recluida en un convento sevillano en contra de su voluntad.

Cuando el rey Carlos V decidió atacar las posesiones berberiscas y otomanas en el Mediterráneo, Cortés solícito embarcó a sus hijos don Martín y Luis para socorrer al monarca en la insensata empresa, pero lo cierto es que a pesar de la importancia que el conquistador tenía en estas tierras americanas, ni el rey ni su ejército lo tomaban demasiado en cuenta.

Por su parte, don Martín, desde los 19 años y siempre con la cruz de Santiago en el pecho, después de aquel fracaso en Argel participó en diversas batallas para defender el imperio de Carlos V, quien se movía por toda Europa, ya que la corte seguía siendo itinerante, como lo fue desde la Edad

Media. Su padre da cuenta de su presencia en el Piamonte, donde asegura que durante dos años y medio aguardó órdenes de su majestad para asistirlo en lo que fuera necesario. El conquistador se refiere también al largo conflicto entre Francia y España por el control de Lombardía. Don Martín participó también en la guerra contra los luteranos, pues no hay que olvidar que una de las grandes obsesiones de Carlos V que reverberarán por décadas en Europa fue la guerra contra los herejes que amenazaban la integridad y el poderío del Imperio español que, como sabemos, era un imperio confesional.

Así, don Martín viajó por lo que hoy es Francia, Alemania e Italia, donde cayó herido en incontables ocasiones, pero logró recuperarse. Tuvo un hijo ilegítimo al que llamó como su padre, Hernando o Fernando Cortés, y que años después haría un extenso memorial solicitando ayuda a la Corona, ya que su padre había invertido toda su fortuna en defender al Imperio español, lo cual lo había dejado en una situación económica muy desfavorecida.

Regresamos a Cortés, quien luego de enfrascarse en pleitos interminables, quejas y peticiones a la Corona, que lo trataba ya con fastidio, ya con irritación y desprecio, murió cerca de Sevilla, en 1547, agobiado por las deudas y por lo que consideraba un trato ignominioso por parte del rey y su consejo. Le sobrevivieron 11 hijos (seis legítimos y cinco fuera de matrimonio), pero solo lo acompañaba don Martín, el heredero del marquesado, un pariente y un religioso. Luis estaba en Alemania, a donde se le mandó recado urgente para que regresara, para que solo llegar se enterara de que un día antes de fallecer su padre lo había dejado fuera del testamento.

Don Martín, junto con Luis, no volvería a la Nueva España sino hasta 1562, acompañando a su hermano homónimo que venía a establecerse a estas tierras, quien a cada paso les recordaba a los novohispanos de quién era hijo. Por el contrario, el hijo de Malintzin, al decir de quienes lo conocieron, tenía un talante más bien taciturno y prudente, muy distinto al de sus dos hermanos menores, que eran ambiciosos, impulsivos y arrogantes.

LAS DOS ESPOSAS DE CORTÉS

Del conquistador español conocemos sus ansias de gloria, su ambición y arrogancia desmedidas y su afán por la intriga y sus pleitos con la Corona, que fueron el motivo de su amargura y endeudamiento. Muy poco se habla de su vida afectiva y sus relaciones conyugales y filiales, siempre eclipsadas por la mítica y controversial figura de Malintzin.

Cortés estuvo casado dos veces y aunque tuvo 11 hijos, ninguno de ellos con su primera esposa, Catalina Xuárez, llamada la Marcaida en alusión a su segundo apellido. Cortés participó con el futuro gobernador y enemigo suyo Diego de Velázquez en la conquista de la isla de Cuba, después de vivir varios años en Santo Domingo, en La Española. Se había casado con Catalina cuatro años antes de emprender la expedición a Yucatán, que lo conduciría al fastuoso Imperio mexica. En aquellos tiempos, Catalina tenía 17 años y Cortés 30. Que le doblara la edad a la cónyuge no era en absoluto novedoso, como lo hemos visto en otros casos. Catalina era española y había llegado primero a la isla de Santo Domingo con su madre y hermanas, de las cuales dicen quienes las conocieron que eran «bonicas»; no parecen haber tenido fortuna alguna, lo cual explicaría la motivación de hacerse a la mar hacia otro lugar. La dote era un verdadero problema para aquel sector social, ahora pensemos lo que esto implicaba al tener que casar no a una, sino a cuatro hijas.

En aquel tiempo, el matrimonio tenía como fin principal la procreación, no tenía nada que ver con el amor como lo entendemos hoy. Era un contrato, una forma de asegurar el futuro y la integridad moral y social de una mujer, acrecentar el patrimonio y el renombre, preservar un linaje o apellido, pero también escapar de un destino indigno como lo era la prostitución. Para contraer matrimonio, las mujeres debían aportar una dote que variaba según su estatus social. Sabemos que Catalina no cubrió tal requisito, lo que no impidió que se llevara a cabo la boda. Así, el matrimonio con Cortés, que tenía una amplia red de relaciones, hatos de ganado, tierras y un lugar respetado, la llevó a una posición más desahogada y respetable en la isla.

Cortés partió a la exploración de la «isla de Yucatán» en 1519, dejando en Cuba a su joven esposa. No sabemos cómo vivió Catalina aquellos cuatro años separada del marido, quien pidió prestado a quien se dejó para emprender el viaje. Cuando la Conquista se consumó, con todas las consecuencias que ya conocemos, un triunfante Cortés se instaló en Coyoacán, uno de sus lugares favoritos debido al clima, la abundancia de agua y la belleza del paisaje. Ahí, a decir de sus enemigos, que fueron bastantes, tenía una especie de harén con mujeres tanto españolas como indígenas, en el cual vivía Malintzin, que había dado a luz a un niño al que, como vimos, el conquistador nombraría como su padre, Martín.

Por aquellos meses, Catalina Xuárez decidió embarcarse a las tierras recién conquistadas para seguir a su marido. Y, al parecer, su llegada coincidió con el nacimiento del pequeño Martín. Durante algunos meses los esposos vivieron juntos hasta que, una noche después de una fiesta, los criados y pajes de Cortés escucharon unos gritos de alguien que pedía ayuda. Alarmados, acudieron con candelabros encendidos, pues era una noche muy cerrada. Algunos testigos aseguraron que los cónyuges estaban acostados en la cama y que, de pronto, Catalina, quien se encontraba recargada en el brazo de Cortés, no daba ya señales de vida. Tenía 23 o 24 años. Desde muy joven, había sufrido de desvanecimientos en los que perdía la conciencia, los cuales con el tiempo se hicieron más frecuentes y los períodos en los que permanecía «como muerta», más largos. Años después, la madre de Catalina acusó a Cortés de haberla asesinado e inició un largo proceso con cientos de testigos, pero jamás se probó ni se resolvió nada. Hubo quienes afirmaron escuchar una disputa entre la pareja poco antes de que Cortés pidiera auxilio, y mujeres que ayudaron a amortajar el cadáver señalaron haber visto algunos moretones en el cuello de Catalina, como si la hubieran ahorcado con un collar. Cortés negó de forma contundente todas las acusaciones, aunque la sombra de la sospecha lo persiguió el resto de su vida.

A pesar de que el conquistador tuvo tres hijos más después (Leonor con doña Isabel, la hija favorita de Moctezuma; María, una niña que nació contrahecha de una princesa indígena y que murió siendo pequeña, y Luis), Cortés aún no se había casado de nuevo.

La primera vez que regresó a España, después de más de veinte años de haber partido, tenía como objetivo, entre otras cosas, encontrar una esposa que estuviera a su altura, pues aunque era un hidalgo, no pertenecía a la nobleza española y solo le faltaba palomear ese pendiente, que no era menor. Su padre, al que ya no alcanzó a ver con vida pues murió poco antes de que Cortés llegar a España, llegó a concertar el matrimonio con la bella Juana Ramírez de Arellano y Zúñiga, perteneciente a la nobleza más antigua de Castilla.

Con sus cuantiosas mercedes y el título de marqués del valle de Oaxaca, que comprendía el servicio de 23 000 vasallos, cifra estratosférica que siempre le parecería insuficiente, Cortés ya estaba en posición de conseguir una flamante esposa en España y doña Juana cumplía el requisito. El conquistador desplegó todo un derroche de riqueza para impresionar a la novia y a sus allegados. Como regalo de bodas le dio cinco esmeraldas preciosamente talladas, a las que Carlos V quiso echar mano para regalarlas a su amada esposa Isabel de Portugal, pero Cortés se disculpó diciendo que ya se las había regalado a su prometida. El rechazo a la petición del rey no debe haber abonado a su popularidad en la corte. De todas formas, ninguna de las dos las conservó, porque al parecer se perdieron en la batalla de Argel.

Todo apuntaba a un prometedor futuro de lujos y festines para los recién casados. De grandes recibimientos y honores, de lujo y reverencias. La madre de Cortés, ya viuda, también llamada Catalina como la primera esposa y la primera hija, los acompañó a la Nueva España. La realidad será otra y nada favorable a Cortés y su comitiva, un gran séquito de cuatrocientas personas. El encargado de sus negocios en la capital novohispana le avisa que la Primera Audiencia, con Nuño de Guzmán a la cabeza, lo ha despojado de todos sus bienes, solares, tierras y vasallos y perseguido a sus amigos y familiares. Antes de partir, la reina le ordena detenerse a diez leguas de la Ciudad de México y esperar a que lleguen los nuevos oidores, ya que los anteriores han sido destituidos. Durante seis meses Cortés se detiene en Texcoco. Doña Juana, que esperaba otra cosa de su vida en la Nueva España, no debe haber estado nada contenta.

PURAS MALAS CARAS

En efecto, al llegar al nuevo mundo encuentran que, por problemas con la Audiencia, Cortés tiene prohibido entrar a la Ciudad de México y no solo eso, se prohíbe a todas las personas que le presten auxilio o le proporcionen alimentos. Así, la comitiva se ve obligada a permanecer durante meses en Texcoco, donde nace el primer hijo legítimo de la pareja, bautizado como Luis y quien muere poco tiempo después, quizá debido a la mala alimentación a la que se halla sometida su madre. A su vez, según los cronistas, Catalina, la madre de Cortés, y otras cien personas, murieron de hambre, y el mismo conquistador le escribe al rey lamentando su suerte y los malos tratos recibidos.

Finalmente se le permitió abandonar Texcoco y se trasladó e instaló en su fastuoso palacio en Cuernavaca, que en aquel entonces era tan solo una aldea. Ahí nació Catalina, su segunda hija, quien también murió al poco tiempo de nacer. La muerte infantil era frecuente en todos los estratos sociales hasta bien entrado el siglo XX. Tal fue el caso de doña Isabel de Lara y Alonso de Aguilar, españoles que vivían en la capital novohispana y quienes tuvieron 17 hijos, de los cuales diez murieron en la infancia. María Jaramillo también había perdido varios bebés. Eso no quiere decir que a las madres les tuviera sin cuidado la pérdida de sus hijos, pero esos sentimientos tan íntimos y dolorosos, a pesar de que las pérdidas fueran tan comunes, rara vez quedaron plasmados por escrito, de forma que solo podemos intuir la soledad, la tristeza y la decepción de la joven doña Juana, quien a sus 21 años ya había perdido a dos hijos.

En efecto, Juana estaba rodeada de un séquito de damas de compañía, cientos de esclavos y criados a su servicio, pero la vida no era como la había imaginado. No había logrado dar a Cortés un heredero al marquesado, tarea que en aquel tiempo se atribuía siempre a las mujeres. Marginada de la Ciudad de México, donde sucedía la mayoría de los festejos, banquetes, desfiles y convites más fastuosos, no podía presidirlos ni estar en el centro de aquella deslumbrante vida. Al ser esposa del conquistador le hubiera correspondido encabezarlos, ya que el primer virrey don Antonio de Mendoza era viudo y no había ninguna mujer de su estatus y categoría social que pudiese orquestar y protagonizar los eventos sociales y civiles tan importantes en el mundo del Antiguo Régimen. Con seguridad, Juana se aburría sin tener quién la visitara ni a quién visitar, y sin poder pasear por las calles de la capital ni asistir a saraos y banquetes, ya que en Cuernavaca no había mucho que hacer para matar el tiempo. Además, a pesar de la belleza y juventud que la caracterizaban, su esposo prefería pasar el tiempo lejos de ella, yendo a conquistar y explorar tierras remotas como California o instalar astilleros cerca de Acapulco para intentar la tan ansiada navegación a Filipinas.

A pesar de compartir poco tiempo con Cortés, pasaron los años y Juana tuvo cuatro hijos más: Martín, el único varón y quien heredaría el marquesado de su padre; María; Catalina (otra), y Juana. Las hijas ilegítimas de Cortés también se criaron con la marquesa. Queda la duda de por qué solo legitimó a Martín, a Luis y a Catalina, dejando fuera a la hija de Tecuichpo y a María, quien tenía una deformidad en el brazo y para quien había concertado un ventajoso matrimonio en España, que no se concretó.

Aunque en un inicio Cortés había llevado una relación cordial con el primer virrey don Antonio de Mendoza, terminó por enemistarse con él, ya que el *alter ego* del rey veía con suspicacias y con recelo al conquistador, quien constantemente hacía boato de su riqueza, conocimiento de la tierra y del respeto que le tenían los indígenas que se arremolinaban a su paso. En vista de lo anterior, el virrey promovía las empresas de navegación o exploración que lo alejaran de la capital, lo mantuvieran entretenido y lo hicieran olvidar su compulsión para la queja, la competencia de autoridad y el pleito.

Diez años después de haber vuelto a la Nueva España, Cortés fue llamado por la Corona para dar cuenta de sus actos, pero también para alejarlo de aquellas tierras que dominaba y en las que se comportaba como gran soberano. Cortés sabía que había caído en su propia trampa a fuerza de pedir y que lo más seguro es que jamás lograra regresar a estas tierras. Partió a España en 1540, llevándose a sus dos hijos varones, Martín, que sería el segundo marqués, y a Luis, para buscarles un lugar en la corte al igual que lo había hecho con su hermano mayor, el hijo de Malintzin. Para cuidarlos los acompañaban dos nanas negras moriscas llamadas Catalina y Francisca.

Cortés no volvería a ver a doña Juana, a quien dejó en Cuernavaca, pues moriría siete años después en España, enredado en altercados, deudas, pleitos, reclamos y desaires del rey y su consejo. En su testamento dejó pensiones y ayudas para todos sus hijos, tanto los legítimos como los ilegítimos; recordemos que poco antes de casarse con doña Juana había legitimizado por bula papal a Martín, Catalina y Luis, aunque a este lo desheredó en el último momento por comprometerse, según cuentan, con la sobrina de un antiguo compañero de armas y luego enemigo de Cortés. Pero a doña Juana, a quien le había prometido una vida de lujos, reverencias y regalos, no le dejó nada más que la indicación de que se le devolviera la dote que aportó al matrimonio. La ofensa no era menor. Como hemos visto, los testamentos no eran una muestra de cariño, pero sí al menos de afecto y gratitud; sin embargo, Cortés murió siendo fiel a su siempre desigual e ingrato reparto de bienes.

La viuda, resentida por esta ingratitud, le arrebató la parte que le correspondía a Catalina, la primera hija que el extremeño había tenido en Cuba y, entre lágrimas y amenazas, la refundió en un convento en España. Juana abandonaría la Nueva España unos años después para concertar los matrimonios de sus hijas. Interpuso un pleito en contra de su hijo Martín, el segundo marqués, en torno a la herencia del conquistador, gracias a lo cual recibió una jugosa pensión de millones de ducados. Pasó sus últimos años recluida por voluntad propia en el convento del Amor de Dios en Sevilla, junto a un séquito de criadas a su servicio y a su hija Catalina, quien nunca se casó.

DON LUIS Y EL SEGUNDO MARQUÉS EN LA CORTE ESPAÑOLA

En 1541, Carlos V emprendió la llamada jornada de Argel, la cual resultó en una catástrofe naval y militar sin precedentes. Con una flota de 64 galeras, trescientas naves de guerra y cuarenta mil soldados, el monarca español intentó arrebatar el enclave mediterráneo, que servía como base de operaciones del temido pirata Barbarroja, a Solimán el Magnífico. La guerra contra el protestantismo, la herejía y la infidelidad será una de las directrices más importantes del reinado de Carlos V. Según los cronistas, Argelia era una ciudad con edificios sólidos habitada por unas cinco mil personas. La defensa estaba a cargo de ochocientos turcos, la mayoría a caballo, y quinientos moros armados con ballestas de acero y escopetas. Las condiciones climáticas eran muy adversas y, a pesar de que avezados marineros como Andrea Doria recomendaron posponer la expedición, y que incluso Hernán Cortés, quien acompañaba al rey con su hijo don Martín, insistió en las grandes posibilidades de un fracaso, ambos fueron ignorados. Cortés se ofreció a tomar la plaza, pero no se le incluyó en el consejo de guerra que decidiría la estrategia. Se desató una fuerte borrasca que hizo entrechocar las naves contra la costa y entre sí mismas, muchos soldados perecieron antes de siquiera poner un pie en tierra y la flota tuvo que dispersarse, dejando cientos de soldados heridos, hambrientos y derrotados. Cortés se había amarrado a la manga una bolsa con diversas joyas costosísimas, cuyo valor ascendía a 140 000 ducados, incluyendo las codiciadas esmeraldas. En la retirada no solo se dejó el orgullo lastimado, sino aquellas joyas que se perdieron y tal vez algún afortunado encontró, o que todavía están, como el *Cœur de la Mer*, en las profundidades del Mediterráneo.

En España, las autoridades se encargarían de que Hernán Cortés no regresara jamás a las tierras que había conquistado. Enfrascado en pleitos, quejas, papeles, acusaciones y contraataques, Cortés pasó el resto de su vida gastando su cuantiosa fortuna en el pago de favores, la gestión de trámites y los sueldos de sus procuradores que lo representaban en la corte. Probablemente murió de disentería; mira que sobrevivir a cocodrilos, pumas, serpientes venenosas, barrancos, guerreros mexicas, sacrificios humanos, despeñaderos, tormentas, travesías en barco y enemigos despiadados para morirse de una infección estomacal... Qué deslucimiento de tan ajetreada vida.

Un día antes de morir, acompañado por el hijo que heredaría el marquesado, un pariente y un religioso, decidió retirar del testamento a su hijo Luis, quizá por sus intenciones de casarse con la sobrina de su enemigo Bernardino Vázquez de Tapia. El segundo marqués tendría entonces unos 14 o 15 años.

Cuando don Martín cumplió 17 años, la reina falleció y los setenta muchachos que se habían criado como parte de la casa del príncipe pasaron a ser miembros de la corte del rey. Ahí se encontraría con sus dos hermanos: Luis, el desheredado, y su homónimo Martín, el segundo marqués, ya que ambos se habían criado igualmente en la casa del príncipe Felipe.

El segundo marqués acompañó al príncipe Felipe, al igual que el duque de Medina Sidonia y el conde de Chinchón, cuando viajó a España para casarse con María Tudor. Lo más probable es que don Martín también lo acompañara, aunque no se han encontrado evidencias fehacientes de ello. Asimismo se halló en la batalla de Flandes y presenció la de San Quintín, en la que sí peleó don Martín, su hermano mayor, y que fue una gran victoria para el nuevo rey Felipe II.

El segundo marqués se casó con Ana Ramírez de Arellano, prima suya, y tuvo un hijo al que llamó, ¿por qué no?, Fernando Cortés, como su padre. Ofrezco disculpas al lector porque esto de la genealogía cortesiana casi requiere un diagrama mental para ubicar a los diversos Fernandos, Martines, Anas, Leonores y Catalinas.

Por su parte, años después, don Martín se casó con una española de Logroño llamada Bernardina de Porras, con quien tuvo una niña a la que bautizaron con el nombre de Ana. Vivían en Logroño y el haber sido paje y compañero de juegos del futuro Felipe II lo colocaba en una situación de privilegio, ya que la gente le pedía ayuda para poder ir a la Nueva España. Hay que recordar que no cualquiera podía embarcarse, ya que se necesitaba una «carta de llamada», es decir, tener a algún familiar que solicitara a la Casa de la Contratación en Sevilla que la persona viajara a las Indias para ayudarlo en el negocio, contraer nupcias o hacerle compañía. No se podía subir a un barco así como si nada.

OFENSAS, DESMANES Y TRIFULCAS

En 1562, los tres hermanos (don Martín, el segundo marqués y Luis) viajaron a la Nueva España. Ana, embarazada de su segundo hijo, acompañó al segundo marqués, dejando al primogénito y heredero en España, mientras que don Martín viajó solo. En efecto, don Martin no fue el único que se separó de Malintzin, también lo hizo Luis de Antonia y el segundo marqués de Juana. La experiencia de estos hombres nos muestra que la crianza no necesariamente se llevaba a cabo al lado de la madre, sino más bien donde el padre lo considerara idóneo para la preservación de su buen nombre, el engrandecimiento de la fortuna, la notoriedad del linaje o la posibilidad de ascender socialmente, como fue el caso de estos tres hermanos que, sin distinguir sus orígenes maternos, fueron parte de la casa y criados del futuro rey Felipe II.

La travesía, como tantas otras que cruzaban el Atlántico, fue espantosa, incómoda y estuvieron a punto de naufragar, pero finalmente lograron llegar a Yucatán y luego a Campeche, en donde a las pocas semanas Ana dio a luz a un niño, Jerónimo. Un par de meses después emprendieron el camino a la Ciudad de México, la que los tres hermanos no veían desde que la abandonaron en compañía de su padre, siendo muy pequeños. La capital había cambiado. Mientras los hermanos crecían en la corte del futuro rey se estableció la primera Casa de Moneda de América, así como la primera imprenta del continente. Se creó también una de las tres primeras universidades americanas y, entre varios hospitales, el primero en el continente para enfermos mentales, el de San Hipólito. Las calzadas se habían ensanchado y las casas de techumbre de paja y paredes de adobe o madera dieron paso a construcciones más firmes y suntuosas. Pero para don Martín habían pasado 34 años y quizá sus andanzas por Europa en defensa del Imperio español habían borrado los tenues recuerdos de su niñez.

El recibimiento de las autoridades virreinales de los pueblos y ciudades a donde llegaron fue solemne y fastuoso, los caballeros salían a recibirlos y se organizaron fiestas de toros, pirotecnia y galas en nombre del segundo marqués, el de su esposa y sus hermanos y allegados.

Sin embargo, con poco agradecimiento y respeto pagó el segundo marqués tal acogida. Algunos meses después de su llegada a la capital novohispana escribió al rey desautorizando la gestión del virrey don Luis de Velasco al insinuar incompetencia por el desconocimiento de los asuntos locales, que en cambio él —se vanagloriaba después de tan solo seis meses de estancia— comprendía del todo. Asimismo, mandó fabricar un enorme sello de plata con su escudo de armas y una corona que competía en tamaño y fastuosidad con el que resguardaba la Cancillería en la Real Audiencia, encargada de custodiar el sello real. No era un asunto de poca importancia, pues en el sello radicaba la autoridad, era la representación misma del rey, con él se validaban provisiones y privilegios escritos en papel. Avisado el virrey Velasco de semejante ostentación, la cual rayaba en el desacato y la presunción, le prohibió al marqués utilizar el ostentoso sello. Se fueron sumando otras conductas reprobables y pronto el comportamiento del segundo marqués, incluidas sus borracheras y correrías, su arrogancia, todo esto sumado a la sospecha de liderar una conspiración, complicaron seriamente la situación no solo de los hermanos Cortés, sino de muchos de los hijos de varios conquistadores.

Cuando llegó a la capital novohispana en compañía de sus hermanos, don Martín se reencontró con María Jaramillo, su hermana pequeña, hija de su madre, que para aquellos años era una anciana de casi 40 años que había perdido varios bebés y murió al poco tiempo de llegado su único hermano. No sabemos si la pérdida de aquella hermana con la que convivió muy poco de niño tuvo un impacto en él, ya que ella nació tres años después de Martín y él partió a España cuando María tendría escasos 2 o 3 años. Pero unos años después recordaba haber caído muy enfermo, situación que lo llevó a comulgar varias veces preparándose para la muerte, que en aquel entonces no llegó. O tal vez la postración pudo deberse a la delicada salud que lo aquejó desde muy niño.

Por su parte, el segundo marqués ensoberbecido, sin mostrar el debido respeto que los novohispanos esperaban, tuteaba a nobles y frailes, lo que no fue bien recibido. Se paseaba como si él fuera la principal autoridad del reino, y dado que sus actitudes caprichosas y displicentes, así como los desaires a la autoridad del virrey fueron acumulándose, en pocos años él mismo germinaría su desgracia. Sirva como ejemplo este caso: un hombre importante, muy respetado y acaudalado, dueño de varios pueblos en Tacubaya, organizó en su honor una elegante y costosa fiesta con regalos de todo tipo, en la que se gastaron más de dos mil ducados. Para que el lector se dé una idea de la proporción, la renta anual que recibían tanto don Martín como Luis de su hermano el marqués, era de mil ducados, lo que les permitía llevar una vida más que holgada. Sin tomar en cuenta las formas y costumbres de estas tierras y menos la gratitud que de él se esperaba, al poco tiempo de aquel fastuoso recibimiento el segundo marqués le interpuso al dadivoso anfitrión una demanda, injusta en opinión de sus coetáneos, por unos pueblos que reclamaba como suyos (Tacubaya formaba parte de los pueblos que estaban bajo la jurisdicción del marquesado del Valle), lo cual provocó el disgusto de lo más granado de la sociedad virreinal, que vio con muy malos ojos semejante desaguisado.

A pesar de las descortesías y desplantes del marqués, las fiestas se sucedían y mercaderes y hombres prominentes gastaban fortunas que no tenían para agradarle a este y a su séquito y obtener su favor, lo que ocasionó que contrajeran fuertes deudas que aún décadas después no podían liquidar. Si algún funcionario del gobierno lo veía pasar por las calles, tenía que desviar su camino y acompañarlo a su casa. Los que no lo hacían, o los que no se quitaban la gorra cuando pasaban a su lado eran amenazados o reconvenidos a presentarle el respeto debido. Luis, su hermano, se hizo de palabras y casi se lio a golpes con algunos hombres que se negaron a mostrar sumisión y respeto frente al heredero de Cortés.

Por otro lado, el alguacil mayor de la ciudad, equivalente al jefe de la policía de la capital, Juan de Sámano, desairó al segundo marqués, o al menos no mostró la debida reverencia al encontrárselo en la calle, y el hijo del conquistador se quejó; finalmente, se hizo la remoción de Sámano, pero porque tenía una encomienda y al mismo tiempo era oficial, lo cual estaba prohibido por la Corona. Durante unos meses, don Martín fue nombrado alguacil mayor, y aunque el puesto no fuera lo suficientemente prestigioso para su persona, aceptó desempeñar el cargo por lealtad y comedimiento a los designios del rey.

El virrey, que era el *alter ego* del rey en la Nueva España, veía con reprobación y cada vez más preocupado los desplantes del marqués. Entre las malas costumbres que se le reprochaban se encontraba el vicio de «brindar», es decir, competir por ver quién aguantaba más bebiendo; el que perdía debía pagar la apuesta concertada. A quien se negara a participar en semejante desfiguro se le arrebataba la gorra o sombrero y se le acuchillaba en público, lo cual era considerado una afrenta. A este tipo de actividades escandalosas se sumó la costumbre de salir a caballo y hablar por las ventanas con las mujeres hermosas de la ciudad. Esto llegó a tal punto que los hombres debían apostarse junto a sus mujeres e hijas para escuchar lo que les decía y evitar las faltas a la honra. Como se prohibió tan licenciosa práctica, el segundo marqués introdujo la costumbre de utilizar una larga cerbatana con una florecita en la punta mediante la cual podía hablar sin acercarse a las ventanas. Los escandalizados religiosos en los púlpitos condenaron esa mala costumbre y el virrey intentó por todos los medios prohibirla, pero lo cierto es que nada detenía al marqués. En fiestas y saraos llevó a cabo otras acciones calificadas como «desatinos» de «gentes locas», como el dejarse coronar con flores mientras le aseguraban que le sentaba muy bien. Esto era muy mal visto por las autoridades, pues eso de coronarse cuando ya existía un rey no parecía lo más sensato.

Mientras todo eso sucedía, el rey Felipe II autorizó a Bernardina, la esposa de don Martín, alcanzarlo en la Nueva España junto con seis acompañantes, tres mujeres y tres hombres, además de dos niños, su hija Ana y un hijo ilegítimo que don Martín tuvo antes de casarse. Las doncellas que acompañaban a Bernardina al parecer no provenían de un linaje muy notable, ya que una de ellas era hija de un barbero, pero la escasez de españolas en el Nuevo Mundo abría la posibilidad para muchas mujeres europeas de conseguir un matrimonio que las colocara en una posición social más ventajosa.

Por otro lado, furiosos por el excesivo pago del tributo que se les exigía, ya que a partir de 1564 debían cubrir una cuota de 14 000 pesos anuales, los indígenas se rebelaron y apedrearon algunas casas. La tensión fue aumentando y las represalias no se hicieron esperar: medio centenar de los rebeldes fue azotado, rapado y humillado en público como escarmiento. Tal represión solo fue posible bajo las órdenes de don Martín, quien era el guardián del orden en aquellos aciagos momentos. Juan Chalmécatl, probablemente un intérprete del náhuatl, advirtió a los mexicas que volvieran a sus casas o serían reducidos a la esclavitud para siempre. En julio de ese mismo año don Martín, triunfante, enarboló el estandarte de tafetán azul con la efigie del apóstol Santiago, uno de los santos más importantes de la cristiandad hispánica. Al poco tiempo y de forma súbita murió el virrey de Velasco. De inmediato don Martín devolvió la vara de alguacil a Sámano, que había concluido su juicio de residencia. No sabía que muy pronto sería el mismo Sámano el encargado de arrestarlo y llevarlo preso sin dejarlo portar su capa y su espada, las insignias de respeto.

Aunque mucho se ha escrito sobre la conspiración de los hijos de Cortés en connivencia con los hermanos Ávila y otros hijos de antiguos conquistadores las versiones son divergentes. Por un lado hay quienes señalan que el segundo marqués estaba a la cabeza de los inconformes y otros señalan que su carácter arrogante e irritable, pero tibio al momento de tomar decisiones drásticas, había «tolerado» en su casa las imprudentes pláticas y las amargas quejas, a la par de planes de insurrección con una actitud más bien dubitativa.

DICE EL REY QUE REY NOMÁS HAY UNO, Y ES ÉL

Al mediar el siglo XVI, la Corona española había prohibido la esclavitud indígena así como la herencia de las encomiendas más allá de la tercera generación. Esto causó molestia entre los descendientes de los conquistadores, los cuales vieron minados su poder y riqueza sustentados en grandes extensiones de tierra con mano de obra indígena gratuita y el cobro de tributo que Cortés había repartido entre cientos de sus hombres como recompensa al terminar el sitio de Tenochtitlan.

Los rumores y las quejas contra la medida que limitaba los privilegios de los encomenderos y empobrecía a sus descendientes fueron cada vez más virulentos. La Corona vio con recelo y preocupación la posible rebelión de aquellos hombres que no habían participado en la guerra, pero que en su calidad de herederos pretendían llevar una vida de lujos y privilegios que en ocasiones eclipsaba la fastuosidad de la monarquía misma.

Baltasar Aguilar, sobrino de Beatriz de Andrada, uno de los conjurados que aseguraba haber sido nombrado maese de campo, instado por sus primos que eran también sus cuñados (casarse entre primos es común y corriente en algunos lugares) acudió a denunciar la conspiración ante los oidores. Otros implicados, con la esperanza de recibir una pena más suave, se sumaron a la denuncia.

Al morir el virrey quedaba a cargo del gobierno de la Nueva España la Audiencia, y a la cabeza de esta, el oidor Francisco de Ceynos. Le llegaron noticias alarmantes: los conjurados, divididos en pelotones de ocho o diez hombres, tomarían las puertas del palacio virreinal, matarían a los oidores y exhibirían sus cadáveres para que la muchedumbre perdiera toda esperanza de reclamar justicia. También se darían dos campanadas en la catedral, señal para dar muerte a don Luis, hijo del virrey, y a don Francisco, tío y esposo de Beatriz de Andrada, la madrastra de María Jaramillo. Los cuerpos serían exhibidos en la plaza para amedrentar a la gente y todos los documentos del archivo, incendiados, para que no quedara memoria del rey de España. Luis Cortés sería el encargado de dirigir un escuadrón para apoderarse de Veracruz, del fuerte de Ulúa, y así evitar la partida de cualquier barco que llevase noticias de la insurrección a España; a su vez, don Martín partiría hacia Zacatecas para someter a las ciudades de tierra adentro. El marqués sería proclamado rey y, por su parte, el deán de la catedral, que había dado las campanadas, partiría a Roma con documentos y presentes para conseguir del papado el reconocimiento del reino. El nuevo rey repartiría tierras, riquezas y nombramientos de marqueses y condes, al tiempo que se rodearía de nobles indígenas para crear una monarquía «mexicana». Según las declaraciones de los delatores, tan minucioso plan había sido ideado por Alonso Ávila, hijo de un compañero de armas de Cortés. Los testigos fueron aumentando las acusaciones, que ya eran bastante graves, a saber, que en reuniones secretas los hijos de los conquistadores amenazaban con arrebatar el poder a la Corona y erigir como su rey al segundo marqués, quien en realidad no se inclinaba por ninguna facción y solo observaba el curso de los acontecimientos sin atreverse a tomar una postura.

Aprehendieron a los hermanos Alonso y Gil de Ávila, quienes junto con otros hijos de conquistadores se quejaban de las políticas del rey, decían que este les arrebataba todo lo conseguido por sus padres y los condenaba a la pobreza y a la indefensión. Los sospechosos, que eran muchos, fueron llevados a los calabozos de la cárcel pública. Uno de los hermanos Ávila iba aun con las espuelas puestas dado que acababa de regresar de sus pueblos. El deán de la catedral, acusado de participar en la conjura, fue llevado preso al arzobispado.

Asimismo, los denunciantes agregaban datos sobre las circunstancias que rodeaban la conspiración. Entre los enemigos que el marqués se había echado se encontraban los hijos de antiguos compañeros de armas de su padre, ya que comenzó a tener amoríos con una mujer llamada Marina, quien a su vez era enemiga de aquellos a los que el marqués debía amistad y fidelidad. Las cosas se fueron complicando, corría la maledicencia y circulaban los papelillos anónimos con versos satíricos y picarescos. En una ocasión el marqués sacó un pañuelo de sus calzas y se deslizó al piso uno de estos papelillos que sentenciaba:

> Por Marina, soy testigo
> ganó esta tierra un buen hombre,
> y por otra de este nombre
> la perderá quien yo digo.

Estos versos demuestran que Malintzin no había desaparecido del imaginario colectivo aunque habían pasado casi cuarenta años de su muerte y que era recordada como una mujer que fue de invaluable ayuda para la conquista del Imperio mexica y sus aliados. La memoria de esta gran señora determinante para el triunfo de los españoles seguía viva en el recuerdo de los hijos de aquellos primeros conquistadores.

DEL FASTUOSO BANQUETE A LA IGNOMINIA

Mientras tanto, el segundo marqués y sus hermanos, ignorantes de que habían sido denunciados, celebraban el bautizo de Pedro, hijo del segundo marqués, en el cual se repartieron unas alcarrazas (jarritos de barro) de muy buena hechura que se fabricaban en Cuautitlán, pueblo perteneciente a Alonso de Ávila, a las que se les había grabado una «R» con una corona encima. Uno de estos jarritos pronto fue a dar a manos de los oidores como prueba «fehaciente» de la conjura. En aquel suntuoso banquete se lanzaron salvas de artillería, y el frente de la casa del marqués había sido decorado con una suerte de bosquecillo con árboles naturales, ramas y flores; los indios vasallos del marqués cazaron con flechas venados, liebres y conejos; se repartieron sendas limosnas en las iglesias y a los pobres, y se realizaron juegos de cañas y paseos nocturnos con antorchas. En resumen, se trató de todo un derroche de recursos humanos y económicos que tenía como fin impresionar a los concurrentes y demostrar el poderío y estatus del hijo de Hernán Cortés. Nuevamente, esa prodigalidad parecía querer imponerse a la que correspondía al monarca.

Para no aprehender al segundo marqués y a sus hermanos en público, lo cual sería ofensivo y daría de qué hablar, los mandaron llamar al palacio virreinal (también llamado las *casas reales*), pues habían llegado navíos de España y la costumbre era que el virrey y los oidores se reunieran a leer la correspondencia real. Cuando lo vieron llegar a caballo, invitaron al segundo marqués a sentarse en la sala de la audiencia y uno de los oidores se le acercó a pedirle su espada y comunicarle que estaba preso. Sorprendido, Martín pensó que tan descabellada petición se debía a alguna información u orden contenida en las cartas que acababan de llegar de España. Su hermano, don

Martín, fue conducido, aún montado a caballo y custodiado por otros a los lados y por el alguacil mayor detrás hasta la prisión. A todos les pusieron grilletes y guardias que los vigilaban día y noche. Solo el segundo marqués se salvó de los ignominiosos fierros en los tobillos.

La ciudad estaba atemorizada y sin saber lo que el destino les depararía a los conjurados. Se apostaron guardias y artillería alrededor de las casas reales y en las calles principales. En ese ambiente de zozobra, un mulato llamado Joseph de Llerena, junto con otros mulatos armados y a caballo, acudió en auxilio de las autoridades virreinales y se puso al servicio de Francisco de Velasco (el mismo que durante años pelearía la encomienda de Xilotepec al yerno de Malintzin) para vigilar y proteger las inmediaciones de la cárcel y así evitar la fuga o que les brindaran cualquier tipo de socorro a los inculpados y sus cómplices. Años después, como tantos otros, Llerena viajaría a España para solicitar alguna recompensa por sus servicios. Mientras tanto, los hombres patrullaban las calles y entraban a las iglesias con sus arcabuces y teas encendidas, cosa que no se acostumbraba hacer y tenía aterrorizada a la gente.

Los oidores vivían en las mismas casas donde habían encerrado a los presos y, en el mismo lugar, que era enorme, se encontraban también la sala de la Audiencia, la Cancillería y los aposentos del virrey, de manera que los presos eran vigilados de forma ininterrumpida y a todo el que se acercara o pasara enfrente del edificio se le cateaba para revisar si tenía armas. A la voz de «¿Quién vive?», el interpelado debía responder sin demora: «El rey don Felipe nuestro señor» para poder seguir en paz su camino. Una noche, un mercader llamado Vilarbeche que regresaba a su casa pasó frente a las casas reales y los soldados en la oscuridad preguntaron: «¿Quién vive?», pero como era medio sordo y no muy listo, pensó que le preguntaban su nombre y respondió orondamente «Vilarbeche», y el pobre infeliz no había acabado de decir su nombre cuando ya los guardias se habían abalanzado sobre él y lo derribaron, golpearon y aventaron a la acequia real (que ahora es la calle Corregidora) y ahí, medio ahogado, recordó que tenía que haber respondido con la contraseña «¡El rey!». Para su fortuna, alguien que pasaba lo reconoció y pidió clemencia, con lo cual lo soltaron; el pobre hombre huyó a su casa aterrado, medio ahogado y empapado, sin ningún «usted disculpe» de por medio y con la firme intención de no abrir su tienda y permanecer encerrado hasta que la situación se sosegara.

A los hermanos Ávila, acusados de traición, no hubo letrado ni procurador que quisiera defenderlos por temor a ser considerados contrarios a los designios reales, es decir, traidores, hasta que la Audiencia ordenó que se les asignara un defensor bajo pena de multa si no obedecían. De todas formas, el crimen de «lesa majestad» era muy grave y no había redención posible. Los Ávila fueron condenados a morir decapitados y sus cabezas puestas en la picota y a perder todos sus bienes. Sus casas, que estaban al parecer sobre parte de lo que fue el templo de Huitzilopochtli, debían ser derribadas y sembradas con sal. En las ruinas se ordenó colocar un letrero grande que señalara que los hermanos habían sido condenados a muerte por traición a la Corona. Aquí haré un pequeño paréntesis. El «padrón», como se le denominaba, está tallado en piedra volcánica y es posible verlo en el Museo del Templo Mayor. El terreno, ubicado en una zona privilegiada, se convirtió en un muladar y, a pesar de diversas peticiones para limpiarlo y bardearlo, pasarían varias décadas hasta que la Real Universidad lo comprara, aunque unos años después lo vendió. Todavía en el siglo XIX se le conocía como «las casas del padrón» en referencia a la piedra que recordaba el ignominioso fin de los hermanos Ávila.

Cuando le leyeron la sentencia a Alonso, incrédulo, rompió en llanto. Aquel hombre que a decir de quienes lo conocían era muy guapo y esmerado en su aspecto, que se rizaba el copete y se retorcía los bigotes, perdida la compostura se lamentaba por el trágico destino de su esposa e hijos, que quedarían en la ruina y cubiertos de oprobio. Suplicó la sentencia, ya que el amparo como lo conocemos no existía, pero todo fue en vano. Sus últimos días se negó a probar bocado, al igual que su hermano. El día de la ejecución se reunieron decenas de miles de personas en la plaza mayor para presenciar la trágica muerte de aquellos hermanos que, aunque vanidosos, eran queridos y respetados por la gente. Los llantos y gritos se escucharon por toda la plaza cuando los hombres salieron de la cárcel engrilletados y escoltados por varios caballeros. Gil fue ejecutado primero, con la mala suerte de que el verdugo no era muy diestro en el oficio y lo hizo sufrir con varios hachazos antes de atinarle bien al cuello (no olvidemos que la guillotina, inventada dos siglos después en Francia, tenía la función de dar una muerte más rápida e indolora a los condenados). Alonso gimió al ver a su hermano descabezado y no tuvo mejor destino, pues el verdugo requirió tres golpes con el hacha, al compás de la gritería de la horrorizada muchedumbre con cada intento, antes de matarlo. Los jóvenes hermanos habían perdido lo más preciado de aquel entonces: la honra, la fortuna y la vida.

En sus declaraciones, tanto Gil como Alonso culparon de la conjura al segundo marqués y a don Luis, sin mencionar nunca a don Martín, el hijo de Malintzin. En cambio, de Luis se recabaron innumerables testimonios y pruebas que no dejaban duda de su participación en la conjura y, al igual que los hermanos Ávila, fue sentenciado a morir decapitado y perdió todos sus bienes.

A su vez, Diego Arias de Sotelo, que había llegado 15 años antes como camarero del recién fallecido virrey y estaba casado con Leonor, la hija de Moctezuma Xocoyotzin, también fue acusado de conspirar y aprehendido, aunque al no encontrarse evidencia de su culpabilidad fue puesto en libertad. No tuvo tanta suerte su hermano Baltasar, quien participó como capitán en la rebelión de Gonzalo Pizarro en Perú años atrás y, a pesar de haberse acogido al indulto general otorgado por el rey aquella vez, la sospecha de reincidencia era grande, por lo que también lo sentenciaron a morir decapitado, hecho que causó una profunda tristeza y conmoción entre quienes lo conocían.

Mientras tanto, el segundo marqués, aterrado, al ver que los oidores no estaban bromeando, comenzó a circular la amenaza de que pediría una pesquisa por parte de España para demostrar su inocencia y la maldad de los testigos que lo acusaban.

De hecho, en el interrogatorio posterior se le preguntó si era cierto que en la fiesta del bautizo de su hijo Pedro había mandado levantar un estrado de madera de más de un metro de alto con un túnel con arcos de flores y enramadas con las insignias de los pueblos del marquesado y que una representación de caballeros le había abierto el paso a su hijo en el trayecto de la casa del marqués a la catedral. Es decir, que fue un festejo que opacaba el fausto real. El marqués, ya bien acalambrado, respondió que no era para tanto, que más bien lo había mandado a hacer solo porque llovía copiosamente y no quería que los invitados se enlodaran.

Para suerte de los dos hermanos menores y para disgusto de los oidores, el nuevo virrey, el marqués de Falces, llegó con una actitud más conciliadora y fue aliviando las condiciones del segundo marqués y le dio permiso de recibir visitas, es más, él mismo lo visitaba ya que ambos estaban aposentados en las casas reales, uno como virrey y el otro como preso. El virrey también le otorgó el perdón a Luis Cortés, que ya había sido condenado a la decapitación. Esto de nuevo provocó la maledicencia y los enemigos del segundo marqués y del nuevo virrey escribieron airadas protestas al rey. Mientras tanto, Baltasar de Aguilar, sobrino de Beatriz de Andrada y que había sido el primero en acusar a los hijos de los conquistadores, se retractó al saber que el segundo marqués iba ganando y que las represalias en su contra serían contundentes.

Como era costumbre, el virrey redactó varias cartas en las que dio cuenta de sus actos al rey Felipe, quien ya estaba enterado de los sucesos por los enemigos del segundo marqués, que sabemos que eran bastantes, pero al llegar a Veracruz, los enemigos del virrey recogieron todos los pliegos y cartas y el navío partió sin noticias para el rey, lo cual le causó extrañeza y levantó sospechas en la corte sobre el proceder del virrey. Finalmente, los dos marqueses (el virrey y el hijo de Hernán Cortés) fueron enviados e España para que dieran cuenta de sus actos.

PERSECUCIÓN, TORMENTO Y RUINA

Don Martín se quedó a cargo del gobierno del marquesado de su hermano y de la administración de sus cuantiosos bienes. Mientras tanto, el rey Felipe II, aquel con el que se había criado, compartido alimentos, juegos y enseñanzas, estaba alarmado por las noticias que le llegaban. No solo sabía de las desavenencias con el virrey y la recusación de los oidores, sino que en Perú, años antes, ya se había suscitado una violenta guerra civil entre los conquistadores, con traiciones, cuchilladas y muertes incluidas. Eso no podía repetirse jamás en otro virreinato hispánico, así que decidió mandar tres visitadores para continuar con las investigaciones que el virrey marqués de Falces había suspendido. Como solía hacerse en los procesos aun inquisitoriales, los bienes del marquesado del Valle fueron secuestrados mientras se resolvía la situación de los acusados.

Los visitadores extraordinarios designados por el rey con poderes amplísimos eran Gaspar Járaba, Luis Carrillo y Alonso Muñoz. Mientras que Járaba murió en el barco apenas llegar a Las Canarias, como tantos otros viajeros que intentaban cruzar el Atlántico, Carrillo y Muñoz arribaron a la Nueva España cuando el segundo marqués y su hermano Luis ya habían partido a España. Eso les salvaría la vida. Pero los visitadores iban decididos a instaurar un reino de terror y aprehender a quienes hubieran sido liberados, torturar y ejecutar a quienes pudieran. Inmediatamente fueron arrestados los hermanos Bocanegra y don Martín y encerrados en una cárcel de reciente factura, en cuya construcción había participado un millar de hombres. Formada de celdas pequeñas, oscuras e impenetrables a la manera de las que pocos años después tendría el edificio del Santo Oficio. También ordenaron la aprehensión de más de sesenta hombres. En aquellas prisiones los engrilletaron y les pasaban la comida por una pequeña abertura entre las rejas. Imágenes que evocan el cine de género histórico de Hollywood hace algunas décadas, aunque la realidad, lo sabemos, siempre supera a la ficción.

Los arrestos y tormentos se sucedieron sin distinción de títulos ni de nobleza. Los gritos de los torturados en la cárcel se escuchaban hasta la calle. A Baltasar de Aguilar le aplicaron el tormento del potro para saber cuál de las dos versiones que había dado era la verdadera. Respondió que la primera, en contra del segundo marqués, alegando que en la segunda versión sufrió las presiones del virrey. Fue descoyuntado y, a decir de los testigos, «despedazado», pero sobrevivió al interrogatorio. Poco después volvió a colocarse en el bando del marqués. Fue sentenciado a muerte y su tía, la poderosa Beatriz de Andrada, que ya tenía 50 años por aquel entonces, intercedió para que le conmutaran la pena por galeras y destierro. Baltasar fue enviado a España y, aunque le confiscaron todos sus bienes, luego se le otorgó una renta de quinientos ducados anuales. Jamás volvió a la Nueva España, quizá porque no se le levantó la pena de destierro, quizá por los malos recuerdos. Otros, como Cristóbal de Oñate, sobrino de aquel que fue conquistador y gobernador de Nueva Galicia y que había partido a España, fue sentenciado allá, pero se ordenó su ejecución en la Nueva España, de forma que regresó junto con otros hombres cercanos a los hermanos Ávila y fue descuartizado.

Los hermanos Quesada, los terceros en formular acusaciones en contra del segundo marqués, también fueron encarcelados. Estaban desconcertados, pero sin preocupación, pues pensaban que había sido una equivocación que pronto se aclararía, y esperaron las diligencias que con seguridad los dejarían libres al haber contribuido a descubrir la conjura en contra del rey. Cuál fue su sorpresa al notificárseles que, al igual que los Ávila, serían condenados a la decapitación. Al salir a su ejecución con sendos crucifijos en las manos, los hermanos, montados en bestias de albarda con los pies y las manos atados y un pregonero que gritaba «esta es la justicia de su majestad» para escarmiento de todos, despertaron la compasión de la muchedumbre, que lloraba amargamente por aquellos señores que poco tiempo antes eran considerados personas de respeto y honra. En efecto, según los testigos, la ley mandaba que al primero en denunciar un crimen de esa envergadura se le diese un premio, al segundo se le perdonase la condena y al tercero se le condenara a muerte. Aunque al rey y su consejo les pesó dicha decisión aplicaron la ley y Baltasar, el primer denunciante, aunque descoyuntado, salvó la vida y recibió una pensión de por vida.

Si los indígenas, negros y mulatos reunidos en la plaza que miraban el espectáculo lloraban de pesar, de alegría o de desconcierto tampoco lo sabremos, porque como vimos ya, en el mundo prehispánico el llanto tenía un sentido simbólico y ritual muy distinto al español.

Por su parte, don Martín también fue sometido al tormento; desnudo, le amarraron los muslos, los dedos gordos de los pies y los brazos al potro y le dieron varias vueltas de cordel, pero ante la negativa de aceptar la culpa que se le imputaba, los oidores ordenaron que se le vaciara una jarra de agua de un cuartillo por la boca. De nuevo, don Martín se negó a confesar algo que aseguraba no había hecho. Insistió en que no sabía de planes, que solo había escuchado vaguedades sin fundamento. Más jarras de agua. Don Martín se sostuvo en su negativa. Cinco jarras en total. A pesar de estar descoyuntado, medio ahogado y gravemente herido por el tormento, nunca confesó. Sus abogados alegaron que su complexión era débil y enfermiza y podría morir. Que su talante era discreto y alejado de las fiestas. Los visitadores Muñoz y Carrillo insistieron en que seguro estaba enterado de los planes secretos de su hermano para rebelarse y solo fingía. A pesar de que ninguno de los implicados lo delató como cómplice, fue acusado de traición como sus hermanos, se le impuso una multa de mil ducados que, como vimos, era el gasto anual que tenía estipulado. Fue desterrado para siempre de las Indias (igual no le deben haber quedado ganas de volver jamás), escoltado al puerto de Veracruz y enviado a España en el primer galeón disponible. Tuvo que partir sin su esposa y sus hijos.

Muchos otros fueron sentenciados a la pena de galeras, que era una especie de muerte lenta que consistía en remar de sol a sol en los barcos del Mediterráneo, y otros tantos a la horca, la vergüenza pública, el destierro y cuantiosas multas.

Cuando el rey se enteró de las arbitrariedades y abusos cometidos por Muñoz y Carrillo les ordenó volver de inmediato a dar cuenta de sus actos. En el barco de regreso, Carrillo cayó gravemente enfermo. Le dio una apoplejía, se le fue el habla y tenían que abrirle la boca con un palo para tratar de hacerle beber algunos remedios, pero aun así murió. Las malas lenguas decían que, así como Carrillo atormentó a los hijos de los conquistadores, le tocó sufrir los horribles remedios que le propinaron quesque para curarlo.

Muñoz prohibió a los marineros echar su cuerpo al mar, así que los miembros de la tripulación lo abrieron, le sacaron las tripas y lo salaron para poder dejarlo en La Habana para que ahí recibiera cristiana sepultura. Recordemos que los barcos no tenían refrigeración, ni formol, y los viajes podían durar semanas o meses. Los marineros eran enemigos de llevar cadáveres a bordo, pues aseguraban que traían mala suerte y desataban borrascas. El cuerpo putrefacto del visitador olía cada vez peor y, en efecto, les sobrevinieron algunas tormentas antes de llegar a Cuba. Los tripulantes resolvieron envolverlo en unos petates y colgarlo por fuera del barco sobre el agua, pero como la tormenta no amainaba, resolvieron cortar la soga y dejar que el maltrecho cadáver se hundiera en el mar, a pesar de las airadas protestas del visitador Muñoz. Así terminó sus días Carrillo, aquel poderoso que decidió el destino, la ruina, la deshonra y la muerte de tantos hombres. A Muñoz no le fue mucho mejor. Al llegar a España y comparecer ante el rey, este le espetó indignado: «No os envié a las Indias a destruir el reino». El acobardado visitador intentó balbucear un sinfín de excusas, pero el rey no le permitió ni una palabra. Esa misma noche encontraron a Muñoz muerto en su casa sentado en una silla y con el rostro apoyado en una mejilla. La vida es una tómbola.

Por otro lado, el segundo marqués, ya en España, también fue desterrado de las Indias y condenado a servir en Orán, un puerto africano del Mediterráneo ocupado desde principios del siglo XVI por tropas españolas que buscaban detener el avance del islam. Debía pagar de su bolsillo veinte lanzas (es decir, veinte soldados), además de cubrir una estratosférica multa de cincuenta mil ducados. Aunque unos años después el rey Felipe suavizó la sentencia en su contra, el marqués pasó siete años de su vida prisionero en Torrejón de Velasco, un pequeño pueblo al sur de Madrid. No se le permitía recibir visitas, y no volvió a ver a Luis. Algunos meses después, el rey levantó el embargo contra sus bienes, pero según algunos historiadores muchos plantíos de su marquesado en la Nueva España habían quedado arruinados por el abandono.

Al morir su esposa, Ana de Arellano, se casó con Magdalena de Guzmán, con quien estuvo ocho años pero no tuvo hijos. Tal matrimonio con una mujer que había formado parte del séquito de la reina Isabel da cuenta de la actitud conciliatoria por parte del rey Felipe II, quien le permitió presentarse de nuevo en la corte.

Por su parte, aunque su hermano menor Luis salvó la vida al escapar del tablado dispuesto para su decapitación gracias al virrey marqués de Falces, también fue desterrado de la corte y los reinos de España. Algunos autores señalan que volvió a la Nueva España, pero parece poco probable. Murió poco tiempo después, ya que, en 1570, Guiomar Vázquez de Escobar, su esposa con la que no tuvo descendencia, y la razón por la que su padre lo había desheredado décadas atrás, ya se ostenta como viuda en un escrito.

A su vez, siempre fiel a la Corona, don Martín murió unos años después antes de la batalla de las Alpujarras (1568). Recordemos que una de las grandes preocupaciones de los Habsburgo durante el siglo XVI era evitar la expansión de herejes e infieles y recuperar o ganar almas para la cristiandad. Entre los enemigos de Carlos V se encontraban no solo los judaizantes, luteranos y calvinistas, sino, como ya lo vimos, los musulmanes. Don Martín había acudido a las Alpujarras bajo las órdenes de don Juan de Austria, medio hermano del rey Felipe II, quien estuvo a cargo de la derrota musulmana. Fernando, su hijo, recordaría décadas más tarde que don Martín había servido como capitán y cabo de un tercio a Felipe II en la guerra de Granada, donde murió después de haber gastado todo su patrimonio y fortuna en el servicio del rey. Pedía, como tantos otros, una ayuda para mantenerse por estar casado y tener hijos. Recordaba también las recompensas que doña Marina su abuela merecía «como más principal conquistadora», gracias a la cual se había logrado la conquista y pacificación, además de la evangelización de miles de almas y la riqueza de aquellos reinos que ahora formaban parte de la monarquía ibérica, porque para los conquistadores y sus descendientes nada nunca fue suficiente.

TIEMPO PRESENTE, AL MENTARLO YA ES AUSENTE

El siglo en el que vivió Malintzin es sin duda el más complejo y polémico en la historia de México. Ni el siglo XIX, con sus imperios fallidos, invasiones, proyectos políticos encontrados y la pérdida del territorio ante Estados Unidos se equiparan con el siglo de la conquista. La discusión en torno a si fue un encuentro, una invasión, una conquista o una destrucción y un largo etcétera podrá seguir por los siglos de los siglos. Habrá quienes se sigan lamentando y prefieran sus tacos sin pastor, ni bistec, ni cebolla, ni cilantro ni limón porque no son productos originarios de acá, y que no toman tampoco agua de Jamaica, tamarindo u horchata por la misma razón. Eso no cambiará el pasado ni el contexto en el que se produjeron los cambios fundamentales que modificaron millones de vidas.

Lo que sabemos de cierto es que, para bien o para mal, un mundo terminó y otro, afincado en estructuras anteriores, pero también producto de la improvisación, la premura y la avaricia, guiado por una jurisprudencia y legislación dinámicas fue poco a poco tomando forma. Las piedras de los templos prehispánicos se utilizaron para construir iglesias, cabildos, hospitales, colegios y casas.

Malintzin, a pesar de su juventud, alcanzó a vivir las inauditas transformaciones del mundo en el que nació y que dejaría para no volver. Participó activa y decididamente en la aniquilación de los mexicas, con los que no tenía conexión alguna, salvo la lengua náhuatl, pues era oriunda de la región de Coatzacoalcos y después fue vendida en Tabasco en calidad de esclava cuando aún era una niña. Así que nada la ataba al Imperio mexica. Ni lealtad, ni orígenes, ni familia, ni la patria, que es un concepto decimonónico, como ya vimos.

La visión de la civilización mexica, azteca o tenochca, como se le quiera llamar, ha sido privilegiada por los investigadores durante los siglos XIX y XX, lo que conlleva a la conclusión de que Malintzin fue una traidora, vendida y apátrida. Pareciera que el siglo XXI había suscitado reflexiones menos esquemáticas y más complejas acerca de las circunstancias que propiciaron no solo la participación de Malintzin, sino de otros miles de aliados indígenas de las huestes españolas. Se insiste en la primacía de los tlaxcaltecas y de la victoria que obtuvieron casi sin ayuda de los españoles, pero, a la vez, ese triunfo es borrado por la catástrofe sufrida por nuestros ancestros y el discurso oficial se decanta de nuevo, ¡oh sorpresa!, por los mexicas.

Se ha tratado de reinvindicar otros relatos de la conquista, como el de los tlaxcaltecas, que se denominaron a sí mismos *indios conquistadores*, pero termina por imponerse la visión victimista y plañidera de lo que «los malditos españoles nos hicieron», como si «nosotros» (un colectivo que decide quién pertenece a sus miembros moralmente superiores) fuéramos los tenochcas del siglo XVI.

Los documentos y rastros históricos nos muestran que, más allá de dos «bloques» o bandos separados e irreconciliables, indígenas por un lado y españoles por el otro, la realidad era mucho más compleja y que las consideraciones sociales no se daban en función del color de piel o de la «raza», como se ha insistido, sino que se basaban en aspectos mucho más importantes, como la posición social, los méritos y servicios a la Corona española, el linaje, la fortuna, las relaciones de parentesco, los matrimonios ventajosos y la honra y buena fama que precedían a un nombre. El caso de doña Marina, como se le llama en todos los documentos de la época, es muy revelador. Se insiste en su sagacidad e inteligencia, en los enormes servicios que prestó a la Corona, en su amor por los españoles, en cómo había conseguido comunicarse para salvar a los españoles del peligro y cómo se conducía con prudencia y honestidad. Para sus hijos, doña María y don Martín, no hay apodos ni insultos raciales. Nadie los llama *mestizos*, sino que se les antepone el nombre *doña* y *don*, designaciones de respeto reservadas solo para personas de cierto rango social.

Las mujeres indígenas, que durante siglos fueron objeto de obsequio e intercambio y crisol de alianzas en el mundo prehispánico, siguieron siéndolo en el siglo XVI, poseedoras de una riqueza considerable y se hicieron escuchar por las autoridades virreinales y por la Corona de diversas maneras. Para muestra tenemos a Malintzin y a Tecuichpo como dueñas de las encomiendas más ricas e importantes en extensión y número de vasallos, solo superadas por el enorme marquesado del Valle, que perteneció a Hernán Cortés. Por otro lado, encontramos que tanto mujeres como hombres volvían a casarse al poco tiempo de enviudar, pues el fin primordial del matrimonio era la procreación, lo que aseguraba la supervivencia de la estirpe. De ahí que veamos que el propio Cortés se casa dos veces; Jaramillo también, al igual que Pedro de Alvarado, Beatriz de Andrada e Isabel Moctezuma. Esto provocaba duros enfrentamientos y pleitos entre los descendientes de los diversos matrimonios que querían asegurarse un modo de sobrevivir, pero también de engrandecer su poderío y caudal. Los hijos ilegítimos o naturales, como se les llamaba, no eran relegados socialmente y recibían un trato honroso y de consideración, aunque no tenían derecho a heredar, y con mucha frecuencia se criaban lejos de sus madres o con madrastras.

Las intrigas y los pleitos por herencias, pero también por la conservación de riquezas y poder, las alianzas matrimoniales y vínculos de compadrazgo y amistad, así como la violencia de las facciones enemigas y la inestabilidad política fueron parte esencial de la construcción del mundo virreinal. La encomienda era el núcleo económico que sostuvo durante años a los primeros pobladores que habían recibido esa merced como recompensa por sus servicios. Y aunque las mujeres españolas no estuvieran en una mejor situación jurídica o social que las indígenas, es posible verlas actuando ante los jueces, el rey y su consejo mediante sus esposos, yernos e hijos, reclamando sus derechos, defendiendo lo suyo. Las hubo ambiciosas, pendencieras, testarudas y rebeldes que lograron conseguir riqueza y prestigio, o una merced real que les aseguró el futuro.

Aquellas pocas familias que gobernaron durante la primera mitad del siglo ocuparon cargos públicos, decidieron destinos y pelearon por conservar sus privilegios, estuvieron íntimamente ligadas a los encomenderos, quienes, aunque de diversas calidades humanas y riquezas, controlaron el gobierno, al menos el de la capital novohispana, durante varias décadas. A partir de las Leyes Nuevas, pero también desde el contundente golpe dado por la Corona debido a la sospecha de conjura del segundo marqués, se fue conformando una sociedad en la que los encomenderos, suprimidos sus privilegios y su renombre, fueron desapareciendo del escenario político. Este nuevo grupo gobernante estaba cada vez más efectiva y férreamente controlado por la Corona, que poco a poco instauró una burocracia de recién llegados o advenedizos que poco tenía que ver con aquellos hombres que a fuerza de espada y pólvora lograron dominar una civilización y cambiar para siempre la fisonomía cultural, económica, social y religiosa del planeta.

Reducir el papel histórico de Malintzin al de una esclava sexual maltratada y sometida a la avaricia y maldad de los españoles no solo es una interpretación machista y anacrónica de tal personaje, sino que la despoja de su propia fuerza, voluntad, raciocinio y valor para decidir por cuenta propia el devenir de su vida. Encumbrada como engranaje indispensable de la maquinaria de la conquista, en su mente se llevaron a cabo apropiaciones culturales, interpretaciones y decisiones que solo ella podía sopesar a cabalidad con la certeza de ser, por lo menos durante muchos meses, el único puente de comprensión y, por lo tanto, el salvoconducto para el mundo español (junto con Jerónimo de Aguilar), que no tenía ningún referente en el universo indígena. Por otro lado, hay que entender que sus decisiones iban encaminadas a mejorar su posición social, escapar de la esclavitud y ganar o recobrar riqueza y reconocimiento. No tenía cómo saber cuál sería el final de las poblaciones nativas ni el de ella, es probable que muriera en alguna de las epidemias que asolaron a la Nueva España. Así, mi intención ha sido destacar en qué circunstancias sucedió la «traición» de Malintzin, ya que cuando dirigimos nuestra mirada a aquel pasado remoto es fácil (des)calificar sus acciones mediante nuestros prejuicios enraizados en el presente, mientras olvidamos que, en realidad, quien se adapta, sobrevive.

AGRADECIMIENTOS

Gracias a mis colegas y amigos generosos que han compartido conmigo su saber, sus lecturas y sus reflexiones porque me permitieron comprender de manera más profunda algunas realidades complejas del pasado. Obligatorio es mencionar a Raquel Urroz, Guadalupe Gómez Aguado, Martín Solares, Rosa Luisa Guerra, Rodrigo Martínez Baracs, Leonardo López Luján y Alfredo José Orozco.

A Juana María Espinosa y Víctor Cid, bibliógrafos del Colegio de México, por su valiosa y amable asistencia.

A mis seguidores en redes sociales y lectores cuyo interés y cariño no alcanzo a corresponder como debería.

A mi mamá, por su generosidad y paciencia enraizadas en el amor.

A mi papá, por una vida llena de vida, entusiasmo y fuerza.

A mi editora en Planeta, Angelika Plettner, respetuosa y entusiasta lectora de mi trabajo.

A mi hermana Ingela, tejedora de ensueños.

A Víctor, compañero de mil batallas.

A Jerónimo y Mariano, mis torbellinos de fuego, porque sé que la Historia les divierte pero no se han dado cuenta.

A todos gracias por acompañarme tan entrañablemente en esta carrera por (sobre)vivir de la Historia.

BIBLIOGRAFÍA

Actas de Cabildo del Ayuntamiento de la Ciudad de México, t. I, 1524-1532, México, Municipio Libre, 1889.

Archivo General de Indias (AGI), México, 1090, L. 7, f. 238-239 r.

AGI, Patronato, 56, n. 3.

AGI, Justicia, 168, fs. 1066-1083.

Aguilar Gil, Yásnaya Elena, *Tres veces tres. En clave Malintzin: nueve aproximaciones a su figura*, México, UNAM, 2021.

Bernand, Carmen, y Serge Gruzinski, *Historia del Nuevo Mundo: del Descubrimiento a la Conquista: la experiencia europea, 1492-1550*, México, FCE, 1996.

Brito, Baltazar, *Huejotzingo: cuatro siglos de historia*, H. Ayuntamiento de Huejotzingo, 2016.

Castañeda de la Paz, María, «Apropiación de elementos y símbolos de legitimidad entre la nobleza indígena. El caso del cacicazgo tlatelolca», *Anuario de estudios americanos* 65.1 (2008), pp. 21-47.

———, *Conflictos y alianzas en tiempos de cambio: Azcapotzalco, Tlacopan, Tenochtitlan y Tlatelolco (siglos XII-XVI)*, México, UNAM, 2013.

Cervantes, Fernando, *Conquistadores. Una historia diferente*, México, Turner-Noema, 2021.

Cortés, Hernán, *Cartas de relación*, 7.ª ed., México, Porrúa, 1973.

Cruz Beltrán, José Eduardo. «Visión de los vencidos a debate. Una visión a las críticas historiográficas a Miguel León-Portilla», *Navegamérica*, núm. 32, Universidad de Murcia, 2024.

Díaz del Castillo, Bernal, *Historia verdadera de la conquista de la Nueva España*, México, Fernández Editores, 1997.

Dorantes de Carranza, Baltasar, *Sumaria relación de las cosas de la Nueva España: con noticia individual de los conquistadores y primeros pobladores españoles*, México, Porrúa, 1987.

Eltis, David, *et al.*, *The Cambridge World History of Slavery*, 4 vols., 2023.

Forero Quintero, Gustavo (ed.), *Xicotencatl*, Madrid, Vervuert Iberoamericana, 2012.

Glantz, Margo, *La Malinche, sus padres y sus hijos*, México, Facultad de Filosofía y Letras-UNAM, 1994.

Goldberg, Rita, «Nuevos datos sobre Don Martín Cortés, II marqués del Valle», *Boletín del Archivo General de la Nación*, núm. 3, 1968.

———, «Don Jerónimo Cortés y Arellano, nieto de Hernán Cortés», *Boletín del Archivo General de la Nación*, t. X, 1969.

Gómez Aguado, Guadalupe, «Hernán Cortés: La creación de un imaginario en el México decimonónico», Xavier López Medellín (ed.), *Hernán Cortés revisado a 500 años de la conquista española de México (1521-2021)*, Vervuert Iberoamericana, 2021.

Graña Behrens, Daniel, «El llorar entre los nahuas y otras culturas prehispánicas», *Estudios de Cultura Náhuatl*, 40, 2009. Consultado en nahuatl.historicas.unam.mx/index.php/ecn/article/view/17821.

Grunberg, Bernard, y María del Carmen Martínez Martínez, *Hernán Cortés, una vida entre dos mundos*, libro quinto, México, Instituto de Investigaciones Jurídicas-UNAM. Consultado en archivos.juridicas.unam.mx/www/bjv/libros/14/6645/4.pdf.

Jarquín Ortega, María Teresa, y Víctor Eder Morales López (coords.), *Jilotepec*, El Colegio Mexiquense, 2023.

———, *Litigios por la encomienda de Xilotepec. Documentos para la historia del cerro de los Jilotes en los siglos XVI-XVII*, El Colegio de Jalisco-Ayuntamiento de Jilotepec, 2023.

Lanyon, Anna, *The New World of Martín Cortés*, Allen & Unwin, 2003.

López Hernández, Miriam, *Sexo y guerra durante el posclásico y la Conquista*, México, FOEM-Uaemex, 2023.

Martínez Baracs, Rodrigo, «Doña Isabel Tecuipochtzin (1509-1551)», *Revista de la Universidad de México*, 522, julio de 1994.

———, *La perdida Relación de la Nueva España y su conquista de Juan Cano*, 1.ª ed., México, INAH, 2006.

———, *El conocimiento de Hernando Cortés*, México, Academia Mexicana de la Historia / SEP, 2021.

———, «La perspectiva tepaneca», en *Historias*, 93, pp. 121-124.

Martínez, José Luis, *Imagen y obra escogida*, México, UNAM, 1984.

———, *Hernán Cortés*, México, FCE, 1992.

Martínez Martínez, María del Carmen, *Veracruz 1519: los hombres de Cortés*, México, Universidad de León-Conaculta-INAH, 2013.

———, *Catalina Suárez, a la sombra de Hernán Cortés*, México, UNAM, 2021.

Matos Moctezuma, Eduardo, y Luis Millones, *Moctezuma y Atahualpa. Vida, pasión y muerte de dos gobernantes*, México, Tusquets, 2024.

Menegus Bornemann, Margarita, y María Castañeda de la Paz, *Isabel Moctezuma, familia y encomienda*, México, UNAM, 2021.

Miralles, Juan, *La Malinche, raíz de México*, México, Tusquets, 2004.

Molina Villeta, Javier, «Los dos mundos de Martín Cortés. Un mestizo en el Imperio español», *Revista de Indias*, LXXXIII/289, pp. 623-651, 2023. Consultado en doi.org/10.3989/revindias.2023.028.

Montero Curiel, Pilar, «Aportaciones a la lexicografía histórica del español. La evolución de los términos *ama* y *criada*», *Revista sobre Investigaciones Léxicas*, Universidad de Jaén, junio de 2021.

Orozco y Berra, Manuel, *Noticia histórica de la conjuración del marqués del Valle*, México, Tip. de R. Rafael, 1853.

O'Sullivan Beare, Nancy, *Las mujeres de los conquistadores,* México, Aldecoa, s/f.

Pérez Rocha, Emma, y Rafael Tena, *La nobleza indígena del centro de México después de la Conquista*, México, INAH, 2000.

Porras Muñoz, Guillermo, *El gobierno de la ciudad de México en el siglo XVI*, México, Instituto de Investigaciones Históricas-UNAM, 1982.

Ramírez Calva, Verenice Cipatli, y Francisco Luis Jiménez Abollado, «Dos generaciones: don Pedro Moctezuma Tlacahuepantzin, don Martín Cortés Motlatocazoma y don Diego Luis Ilhuitl Temoctzin. Fundación y pugnas de un mayorazgo indio, 1540-1587», *Hidalguía*, LIX, núms. 352-353, 2012.

Rodríguez Shadow, María J. «Conceptualizaciones en torno a las sexualidades de las mujeres entre los aztecas», en Miriam López Hernández y

María J. (eds.), *Género y sexualidad en el mundo antiguo,* México, Centro de Estudios de Antropología de la Mujer, 2011.

Romero Galván, José Rubén, *Historias recuperadas. Historiografía indígena del altiplano novohispano*, UNAM, 2022.

Rubial García, Antonio, y Jessica Ramírez Méndez, *Ciudad anfibia. México Tenochtitlan en el siglo XVI*, México, UNAM, 2023.

Ruiz Medrano, Ethelia, *Gobierno y sociedad en Nueva España: segunda audiencia y Antonio de Mendoza*, Zamora, El Colegio de Michoacán, 1991.

———, «Don Carlos de Texcoco y los derechos universales del emperador Carlos V», María Teresa Jarquín (coord.), *Vida indígena en la colonia*, El Colegio Mexiquense, 2016.

Sánchez Reyes, Gabriela, «El padrón de Alonso de Ávila Alvarado de 1567 y el templo de Huitzilopochtli», *Boletín de Monumentos Históricos*, tercera época, núm. 41, septiembre-diciembre de 2017.

Suárez de Peralta, Juan, *Tratado del descubrimiento de las Indias: noticias históricas de Nueva España*, México, SEP, 1949.

Townsend, Camilla, *Malintzin: una mujer indígena en la Conquista de México*, 1.ª ed., México, Era, 2015.

Valero de García Lascuráin, Ana Rita, y Josefina Muriel, *Las encomenderas*, Centro de Estudios Históricos y Culturales de la Mujer y Academia Hispanoamericana de Ciencias, Artes y Letras de Cádiz, 2022.

Vicens Hualde, María, *Juana de Zúñiga o la primera nobleza castellana de América*, México, UNAM, 2021.

Zavala, Silvio, *La encomienda indiana*, Madrid, Junta para ampliación de estudios e investigaciones científicas. Sección hispanoamericana, 1935.

Zorita, Alonso, *Los señores de la Nueva España*, México, UNAM, 1993.